无现金时代

肖 璟 著

中信出版集团 · 北京

图书在版编目（CIP）数据

无现金时代 / 肖璟著 . -- 北京：中信出版社，
2018.1
ISBN 978-7-5086-8253-2

Ⅰ . ①无…　Ⅱ . ①肖…　Ⅲ . ①互联网络 – 应用 – 金融
Ⅳ . ① F830.49

中国版本图书馆 CIP 数据核字（2017）第 253760 号

无现金时代

著　　者：肖　璟
出版发行：中信出版集团股份有限公司
　　　　　（北京市朝阳区惠新东街甲 4 号富盛大厦 2 座　邮编　100029）
承 印 者：中国电影出版社印刷厂

开　　本：787mm×1092mm　1/16　　印　　张：12.25　　字　　数：120 千字
版　　次：2018 年 1 月第 1 版　　印　　次：2018 年 1 月第 1 次印刷
广告经营许可证：京朝工商广字第 8087 号
书　　号：ISBN 978-7-5086-8253-2
定　　价：49.00 元

感谢我的家人、Claire Huang和小伙伴们

序

大多数新生事物，容易被人们极端化地认识。一些人视其为创新成果；另外一些人则视其为重新包装的垃圾，嗤之以鼻。互联网金融莫不如是，其从最早的颠覆传统金融业的革命性技术、模式，到最近和某些非法集资、跑路、高利贷等联系在一起。但互联网金融和其他互联网的诸多应用有很大不同，聊天、旅游、打车、外卖关系我们生活的便利与舒心，但金融关系每个家庭的责任和梦想等。对金融问题的不当认识，我们甚至会付出无法承担的代价。

作为互联网金融的一位创业者，我坚信互联网金融将成为中国金融体系的重要补充。在未来5~10年，互联网金融对现有金融服务的改变会比大多数人想象的深刻。

我们必须承认，利用“互联网金融”的名号进行非法集资的人确实有，金融活动中的诈骗活动几乎伴随着货币和金融的出现就存在，未来也会依然存在，互联网确实成了某些人的工具。我们承认，互联网金融中的不少产品其实是“新瓶装旧酒”，打着新经济的旗号从事民间高利贷的业务，蒙蔽客户和媒体。

我们不可否认，非法集资和民间高利贷的持续存在，清楚地证明了传统金融服务未能满足有效客户需求。正是传统金融机构的服务缺位，才有了互联网金融的生存基础。客户需求是王道，只有客户有需求，产品才有生命力。

我坚信新生公司，包括传统金融机构中的拥抱变革者，以互联网产品的客户理念为基础，以互联网技术和数据的应用为赋能，专注客户未能被满足的需求，一定可以成为明天金融体系的重要力量。

肖璟是我的同事，我很荣幸能有机会为他的书写一些话。这本书没有艰深的金融理论，也未充斥今天新经济的代表性话术，而是用朴实的语言，从基本的客户需求和金融产品出发，向读者提供一个基本的知识框架去学习和判断互联网金融中不断涌现的新生事物。

这本书是一个开端，如果我能提供一点儿建议，那么，我希望肖璟的下一本书能够阐述新兴的互联网金融从业者如何更好地满足客户需求。

唐　越

小赢科技董事长兼首席执行官、

艺龙旅行网创始人、蓝山中国资本创始人

前　言

没有干货，欢迎跳过

互联网金融在这几年成了我们生活中的一部分。

就算还没有尝试互联网理财或互联网贷款，你也正在经历这个时代的巨变——至少你会发现钱包里的现金正在慢慢变少，我们正在进入一个无现金时代。

货币变成账户上的数字，手机上简单的几步操作就能增加账户里的余额，投资、融资从来没有像现在这么方便，数字征信可以帮你完成最快速的审核。

你很快将进入无现金时代，谁也无法回避互联网金融。我们只能拥抱它、学习它、掌握它。

这就是这本书的初衷——让你一本书可以看懂互联网金融。

这是一本老少皆宜的书。

如果你是行业专家，这本书可以让你对互联网金融有更深入更全面的思考；如果你是行业的关注者，这本书可以让你在短时间内了解互联网金融的方方面面；如果你是互联网金融产品的投资者或融资者，这本书可以告诉你有哪些互联网金融产品可以选择。

这是一本图文并茂的书。

分析师的习惯是使用图像化的语言表达自己的观点，这样就算是一个完全没有行业背景的小白读者也可以很快了解互联网金融的全貌。作为拥有“分析师 + 设计师”双重背景的作者——这本书将用图表的形式向你诠释什么是互联网金融，让你彻底了解互联网金融。

这是一本一改再改的书。

有人说，互联网行业的一年等于其他行业的十年。对于互联网金融来说，要是说过去这一年等于其他行业的二十年，相信反对的人也不会很多。互联网金融的发展日新月异，每隔两三天就有夺人眼球的新闻出现。这不只体现在产品的更新上，也体现在行业的监管上。一旦有什么新变化，之前写下的某些内容就可能需要大幅更改——毕竟我希望可以与读者分享最新的信息与想法。因此，直到出版的前一刻，这本书的内容还在不断更新和调整。

最后，希望大家喜欢这本书。

肖　璟（狐狸君 raphael）

2017 年 10 月

目　录
CONTENTS

概 述

互联网金融全貌

互联网金融（Internet Finance）是最近几年火爆的话题之一，作为一个新生事物，目前它还没有权威定义。谢平教授——互联网金融概念最早的提出者，曾在《互联网金融模式研究》中提道：“在这种金融模式下，支付便捷，市场信息不对称程度非常低；资金供需双方直接交易，银行、券商和交易所等金融中介都不起作用；可以达到与现在直接和间接融资一样的资源配置效率，并在促进经济增长的同时，大幅减少交易成本。”

而在当下，一些媒体只要看到互联网企业提供金融服务，或是金融机构提供互联网服务，就会把这些业务归为“互联网金融”。不管是媒体人，还是分析师，对于互联网金融都有自己的一套标准，谢平教授在之后的著作《互联网金融手册》中也重新梳理了互联网金融的构成。在我看来，这些还未能概括互联网金融的全部。依据不重不漏（Mutually Exclusive Collectively Exhaustive，简称 MECE）原则，本书将从最基本的金融需求出发，用简洁明了的图表，为读者呈现互联网金融的全貌。

一、最基本的金融需求

互联网思维的一个关键要素，是从客户需求出发去思考问题。那么，我们不妨首先思考一下，客户最基本的金融需求是什么？

要回答这个问题，首先要了解“金融”是什么。我大学时的一位教授给金融下了一个简单且易于理解的定义：Finance is all things related to money（金融，就是所有与钱有关的东西）。我们不妨沿用这个定义。

从客户需求的角度出发，互联网金融和传统金融其实没什么差别，同样是为了满足客户的三大基本金融需求：投资、融资、支付。

- 投资：资金充裕的人想让钱生钱（存钱、买保险等）。
- 融资：缺少资金的人需要钱，融资要付出成本（如借贷的利息和手续费），其实是用钱买钱。
- 支付：资金的流动。

下面我用图 0–1 给大家一个更直观的解释。

	投资	融资	支付
主体	资金盈余者	资金短缺者	所有金融活动参与者
目的	钱生钱	钱买钱	资金流动
产品举例	余额宝 理财通	阿里小贷 趣分期	支付宝 微信支付

图0–1　三大基本金融需求

投资和融资是相辅相成的一个整体。投资是资金盈余者想用钱生钱，融资是资金短缺者想用钱买钱。一个投资者需要找到对应的融资者才能把钱投出去，一个融资者也需要找到对应的投资者才能得到短缺的资金。

相应地，支付可以脱离投资和融资活动，自成一体。举个例子，我们平时网购时的支付，整个过程就没有涉及投资和融资活动。

不难发现，这三大基本金融需求对应的是银行的三大基本业务——存、贷、汇。

了解了这三大基本金融需求后，下一步，我们将进一步探寻互联网金融的全貌。

二、满足投融资需求的业务模式

在介绍投融资领域的业务模式之前，我们得看看最基本的投融资流程，如图 0–2 所示。

图0–2　最基本的投融资流程

如图 0–2 所示，资金盈余者将资金给予资金短缺者，资金短缺者要么投资亏损，无法返还所有本金，要么给予资金盈余者投资回报并返还本金。

传统金融机构通常被称为金融中介（financial intermediatry），负责为金融市场提供流动性。比如银行，资金盈余者将资金存入银行赚取利息，银行将资金贷给资金短缺者（即融资者），融资者支付利息。

传统金融机构虽然被称作金融中介，其实也包含在最基本的投融资流程中。

以银行为例，在资金盈余者存款的交易中，传统金融机构是资金短缺者的角色；在资金短缺者融资的交易中，传统金融机构则是资金盈余者的角色，如图 0–3 所示。

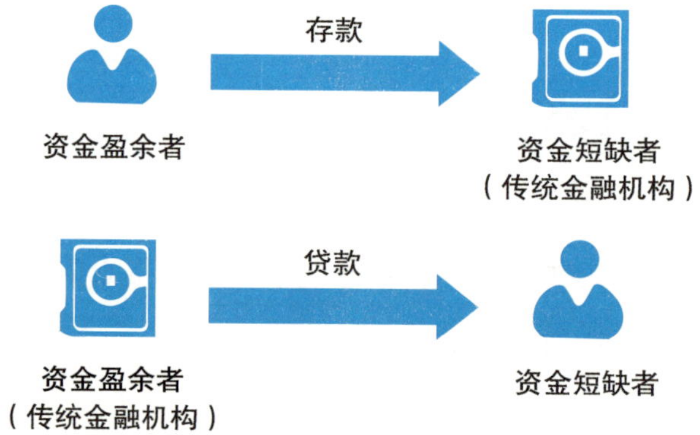

图0–3　传统金融机构在投融资流程中的角色

在最基本的投融资流程中，有时候由于信息不够透明，需要投融资双方以外的第三方介入，以促成供求信息配对，完成投融资活动。

此外，由于投融资活动存在各种风险，且每个投融资主体有不同的风险承受能力，这时，信息对称显得尤为重要。

以系统性风险（systematic risk）为例，投融资本身受到很多因素的影响，如政治、经济、社会、科技以及行业本身的影响。全面掌握这些信息将更好地让投资者了解不同项目的风险及回报，让融资者清楚不同融资渠道的成本，从而直接影响资金盈余者的投资决策和资金短缺者的融资决策。完整的投融资流程如图 0–4 所示。

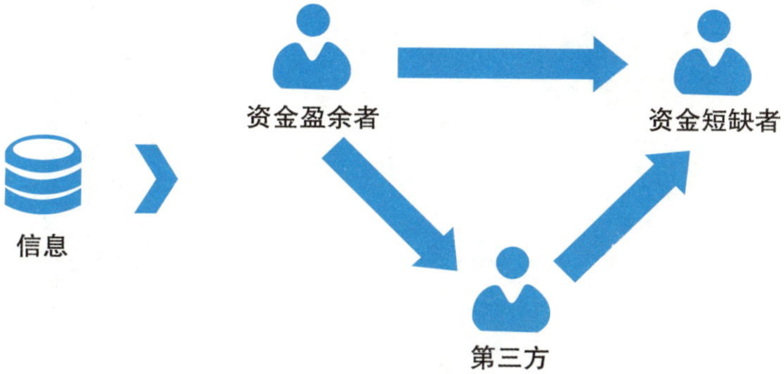

图0–4　完整的投融资流程

看到图 0–4，可能有读者会提出疑问：传统金融机构是不是属于图 0–4 中的第三方？针对这个问题，我将进一步解释第三方在投融资流程中扮演的角色。

第三方并不吸收或出借资金，而仅作为“媒人”，撮合投融资双方，投融资双方是一一对应的。

传统金融机构也有可能是第三方。以银行代销基金产品为例，基金公司是资金短缺者，零售投资者是资金盈余者，银行则是第三方。用金融业的术语来讲，第三方只是一个“通道”。

弄清楚了投融资的流程，下面我们介绍互联网金融在投融资领域的三种业务模式——自有产品、金融服务中介和信息供应与分析，如图 0–5 所示。

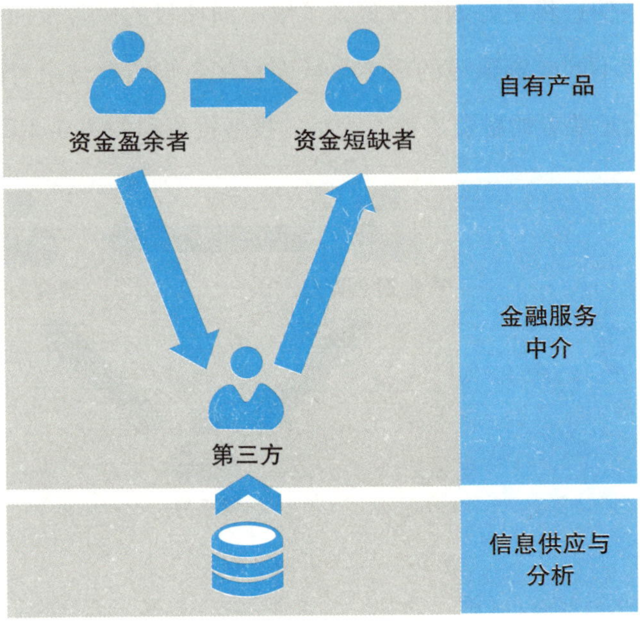

图0-5　互联网金融在投融资领域的三种业务模式

（一）自有产品

在第三方缺席的投融资过程中，自有产品是互联网金融的主要业务模式。因为大部分投融资产品（包括存款、贷款、基金、信托、保险等）都需要传统金融机构持有牌照，才能设计、投放市场。互联网金融的自有产品主要是传统金融机构的互联网化，即媒体常说的“金融互联网”。

除此之外，也有不少互联网公司、电商企业进入传统金融业：阿里巴巴、苏宁、百度、京东、欧浦纷纷设立小额贷款公司，阿里巴巴和腾讯参股的民营银行也接连获批。在这个领域里，表现出众的是电商系小贷公司和民营银行。

还有不少金融机构和互联网公司密切合作、相互融合，共同开发互联网金融产品：阿里巴巴收购天弘基金 51% 股权，2013 年由蚂蚁金服、中国平安、腾讯联合成立的第一家互联网保险公司——众安保险。

自有产品主要有以下三种表现形式：

- **金融机构互联网化：**金融机构架设在线平台，既提供投资产品也提供融资产品，如电子银行、保险网销。
- **互联网公司金融机构化：**要做金融产品，互联网公司必须获得相关牌照。在这个前提下，一些电商系小贷公司借助电商平台收集交易数据，从而挖掘在线商户的融资需求，并利用大数据控制信用风险，经营小贷业务，如蚂蚁微贷（原阿里小贷）；一些互联网公司参股成立民营银行（如微众银行、网商银行等）。
- **金融机构与互联网公司合作开发：**金融机构与互联网公司在股权层面进行合作，建立合资企业并获得金融牌照（如众安保险），共同设计、包装、生产投融资产品。

上述内容，我会在后面的章节一一详细展开。

（二）金融服务中介

金融服务中介扮演投融资过程中“第三方”的角色。

其实，投融资的过程和实物交易的过程无异，即需要有买家

（提供资金的投资者）、卖家（出售股权、债权或其他权益的融资者）和商品（股权、债权或其他权益）。

在研究金融服务中介之前，我们可以总结一下电子商务的主要市场参与者，如图 0–6 所示。

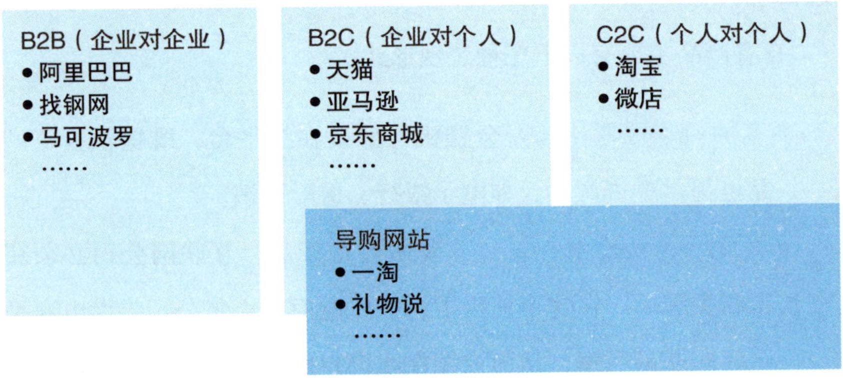

图0–6　电子商务的主要市场参与者

在这里，我们还需要花点儿笔墨解释一下图 0–6 中的 B2C。

B2C 在这里指的是非自有品牌 B2C，主要有两种：一个是平台 B2C（B2B2C），即可以让商家进驻并向 C 端客户出售产品的电商平台，比如天猫、转型后的京东商城等；另一个是非平台的零售商 B2C，即进货后向客户销售，自身不制造商品，比如京东的自营部分、1 号店等。

我们只研究这两种 B2C，像凡客等自有品牌的 B2C 网站在此不讨论（前文我们提到自有产品的阿里小贷等，其实就可以类比为自有品牌 B2C 网站）。

导购网站则从客户需求出发，匹配适合客户的商品，把客户引导至商家处。

了解了电商的业务模式后，我们还必须知道金融市场和电子商务的两大不同点：

一是金融产品不是消耗品，且价格会有波动，所以金融市场需要能让参与者进行交易的流通市场（也就是金融界常说的“二级市场”）满足交易需求，这个角色通常由交易所（exchange）扮演。

二是金融二级市场通常需要有经纪人（broker）的参与，这样可以提高市场效率，并对交易方的信息进行保密。经纪人还可以为投资者提供融资融券等额外服务。

除经纪人外，交易所还有一个角色——做市商（dealer）。中国的 A 股市场暂时还没有做市商机制，但新三板和其他 OTC 市场（柜台交易市场）已经有做市商机制的存在。不过做市商并不是第三方，它需要将金融产品买下再卖出，利用低买高卖赚中间差价，它在交易过程中扮演的是资金盈余者或资金短缺者的角色。

因此，现在我们可以将图 0–6 的概念平移到金融服务中介的范畴中，如图 0–7 所示。

下面，我将进一步解释图 0–7 中的六种金融服务中介。

F2F：作为第三方，连接金融机构或金融机构从业人员。金融机构间的交易大多一对一直接进行，但也存在不少交易平台，比如银行间交易市场。F2F 模式大多由监管机构主导，或以交易所

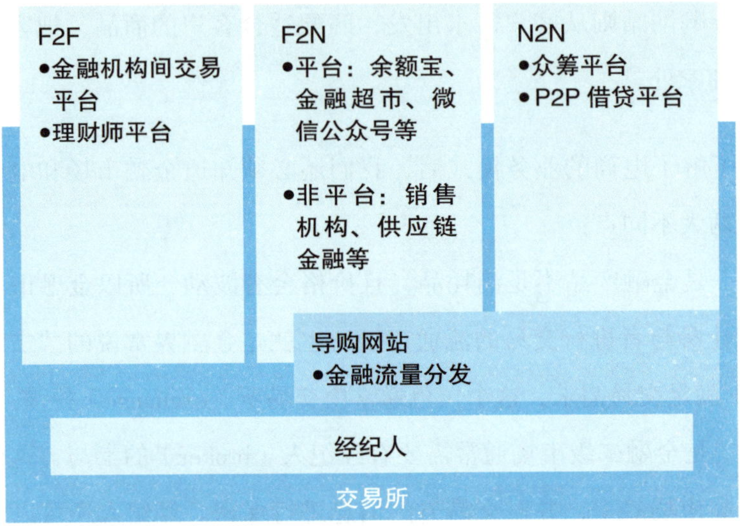

图0–7　金融服务中介全貌

注：图中F指的是金融机构或金融机构从业者（financial institution/FI professional）。

图中N指的是非金融组织或个人（non-financial organization/individual）。

（如陆金所的F2F业务Lfex）的形式存在。

F2N：包括平台F2N和非平台F2N，客户可以直接在F2N上购买基金、保险等金融产品，进行投资理财。

平台F2N是一个在线的金融产品市场，金融机构可以进驻该平台并直接向客户销售金融产品，金融机构作为直接销售方，如蚂蚁财富、淘宝保险等。最有名的余额宝仅仅是平台F2N的变种。此外，还有微信公众号，不少金融机构通过微信，以服务号的形式提供内容与服务。

非平台 F2N 销售的产品不是自己生产的，它只是代销，一般以从金融产品的生产商（基金公司、保险公司等）处收取佣金的方式赚钱，如天天基金网、好买基金网、小雨伞保险特卖平台等。

客户除了购买投资产品外，还可以申请贷款，如互联网供应链金融模式：电商平台与银行合作，为电商平台的供应商提供供应链金融服务。京东商城、苏宁易购、易贝（eBay）等都与银行合作，开展了这项业务。原打算在 2014 年 3 月由腾讯、阿里巴巴、中信银行合作推出的网络虚拟信用卡，其本质也是信用卡产品销售渠道的新拓展，只是最终这个计划被叫停了。

N2N：以众筹平台为代表，有融资需求的个人或机构可在众筹平台发起项目，以股权、债权、预售或团购等方式向投资者募集项目资金。要注意的一点是，P2P 借贷平台其本质是以债权为基础的众筹平台，这部分内容我会在后文详细解释。国内的市场参与者有天使汇、36 氪股权众筹、陆金所、小赢理财、拍拍贷、众筹网、京东众筹等。

导购网站：也就是金融流量分发网站（也被称为“金融垂直搜索”）。根据客户的金融需求，金融流量分发网站会匹配适合客户的金融产品（包括贷款、信用卡、理财产品等）。国内的市场参与者主要有融 360、好贷网、我爱卡、百度金融商城等。

经纪人：在股票交易市场中，经纪人的角色是由券商承担的。

交易所：金融产品和大宗商品交易的二级市场。除了股票交易所，大部分人可能都不知道，国内的大宗商品电子交易所在2013年多达近100家（2012年高峰时候，国内交易所甚至超过900家，后来在商务部、央行和证监会的联合整顿下，国内交易所的数量有所减少）。与此同时，在北京、重庆等地有近20家金融资产交易所。近年来，互联网金融交易所也在慢慢崛起，如各P2P借贷平台的二级交易市场（债权转让）、各地方性金融资产交易所等。大家可能会注意到，在图0–7中交易所把前面的几种交易类型都包括了，这主要是因为大部分交易所承担了一级市场的发行功能。

（三）信息供应与分析

谈完自有产品和金融服务中介这两种主要业务模式，我们简单介绍一下投融资领域的最后一种业务模式——信息供应与分析。

这个领域的市场参与者为客户提供及时有效的信息并进行分析，以促成投融资活动，如挖财记账、彭博社、财经门户、腾讯操盘手、雪球财经（北京雪球信息科技有限公司前身）等。

三、满足支付需求的业务模式

投融资需要支付，网上消费也需要支付。第三个基本金融需求的覆盖面似乎比投融资更为宽广。

仔细想想我们平时支付的过程，我们会发现支付的流程其实很简单，如图 0–8 所示。

支付方使用拥有支付功能的媒介，直接付款给收款方，或通过第三方间接付款给收款方。

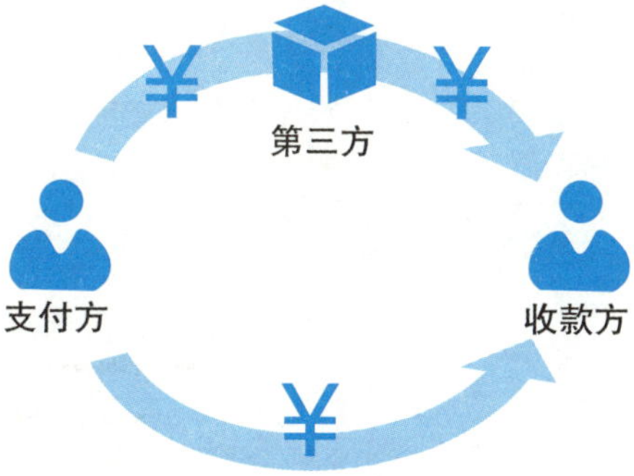

图0–8　支付流程

所以，互联网金融企业要想在支付领域下功夫，只有两种方法：要么成为第三方，要么成为媒介。相应地，互联网金融在此领域有两种可以实现的业务模式：

- 电子支付：作为买卖双方以外的第三方，为客户提供桌面端或移动端的电子支付、转账及缴费等服务，如网上银行支付、支付宝、微信支付等。
- 虚拟货币：以电子形式存在、在网络上流通、具有标价及消费等功能的非法定货币，如 Q 币、比特币、万里通积分等。

我将在后文详细探讨上述两种业务模式。

综上所述，用一张图总结互联网金融全貌，如图 0–9 所示。

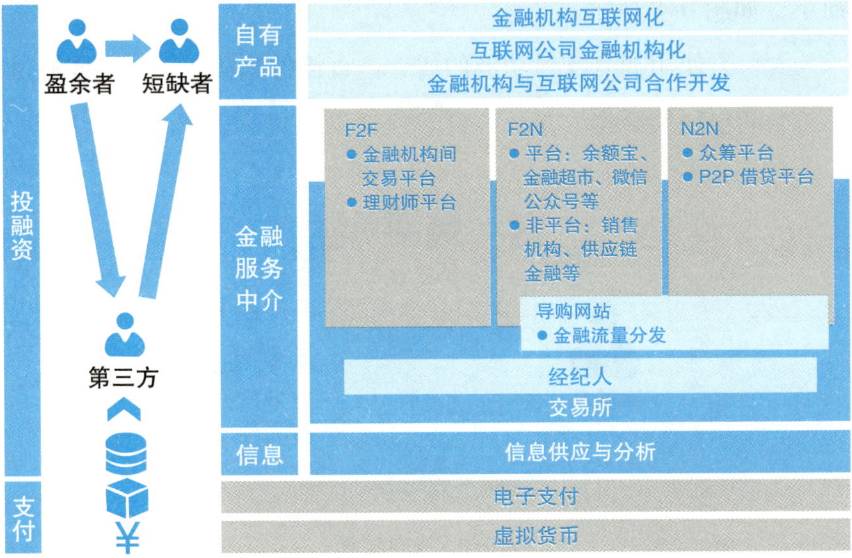

图0–9 互联网金融全貌

值得注意的是，图中互联网金融的各种业务模式是按实现的功能划分的，现有的市场参与者逐渐向多个领域渗透。例如陆金所，虽然是债权众筹平台（P2P 借贷平台）起家，但它现在代销基金和保险（F2N），也有交易所的功能，即为客户提供二级市场的服务。

第一部分

投融资业务

在余额宝流行之前，大多数人或许还没有理财的概念——闲散资金大多放在银行存活期，利息很低。究其根源，一是产品少、门槛高；二是人们缺乏投资知识。银行理财产品的门槛一般是5万元，信托产品则动辄100万元起，第三方财富管理的一些产品门槛更高。投资风格偏保守的中国投资者，在完全不了解产品背后的标的资产是什么的时候，贸然间接投资还是很少见的，这也间接导致了居高不下的储蓄率。然而，活期储蓄的收益根本赶不上通货膨胀的节奏。

在蚂蚁微贷建立之前，淘宝的小商户很难贷到款。银行审贷标准高，小商户大多只能转向小额贷款公司。这些商户的融资年化利率普遍超过30%（连同手续费），这么高的融资成本只能适用短期资金周转，这也是小企业较少通过借贷扩大规模的原因之一。稍具规模的企业虽然有机会从银行贷到款，但烦琐的申请流程确实让企业主叫苦不迭。

简而言之，中国的金融机构及市场制度仍须完善，中国的投融资业务尚有极大的空间待挖掘。

在互联网金融的投融资领域，金融机构正在利用互联网技术和思维改造自己，互联网公司也在利用自己的优势填补那些尚未得到满足的需求。

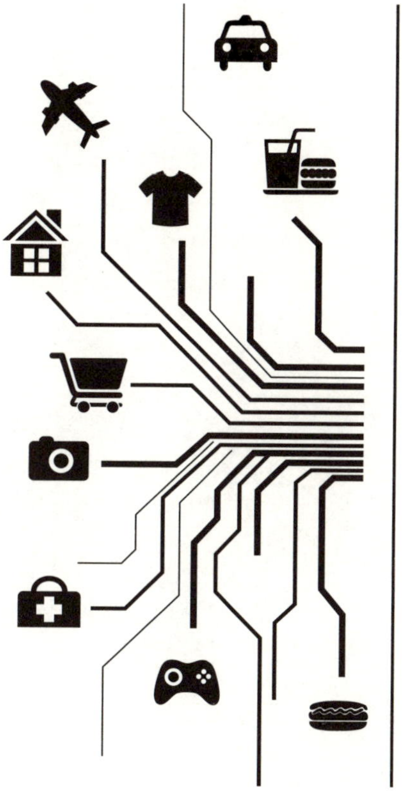

第一章

自有产品

自有产品在投融资业务中的位置如图 1–1 所示。

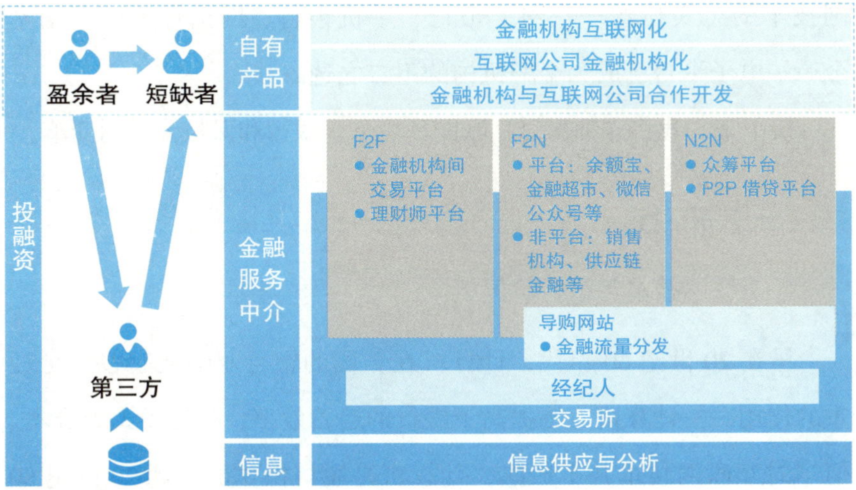

图1–1　自有产品在投融资业务中的位置

一、金融机构互联网化

金融机构的互联网化其实早已起步，只是技术迭代过于频繁，大的金融机构由于决策流程烦琐，更新系统随之带来的学习成本较高；小的金融机构则由于资源不足，跟不上互联网公司的节奏。

我还在咨询公司工作的时候，参与过一个银行 IT（信息技术）系统的构建工作，技术供应商所用的软件，内核是十多年前开发的版本，之后一直小修小补，从来没有彻底更新，银行一直使用这套系统。

不过，近年来这种状况有所转变——金融机构逐渐变成互联网技术的忠实粉丝——网上银行、手机银行、网销保险、网销基金……电子平台已成为金融机构的不二之选。

接下来，我将详细探讨互联网环境下，银行和保险公司的变革。

（一）银 行

1. 互联网技术与银行价值链

早在20世纪60年代，计算机在美国的银行业中便起着举足轻重的作用——计算机大幅提高了银行的运营效率，降低了人力成本。但当时互联网技术并不成熟，计算机是脱机操作的。到20世纪80年代，计算机才逐渐进入联网时代。

传统金融机构是金融产品的开发者，拥有绝对的产品主导权。不管是存贷款、保险、基金，还是信托，互联网公司若想独当一面，需要拿到相关牌照，否则，只能和金融机构合作。以前银行被拖延症困扰——反正坐拥息差收入可以高枕无忧地赚钱。但余额宝的横空出世、利率的市场化都在不断刺激着银行的神经，利率环境的恶化不断挤压着息差空间，银行是时候转型了。但是，要如何转呢？

在银行的价值创造链上，有四个比较重要的构成：研发、运营、营销、服务。在这四个领域，互联网技术使金融机构产生了变革。

我们不难发现：以前的互联网技术，更多聚焦在运营效率与市场营销方面。在运营效率方面，银行前后台电子化与联网使运营更有效率，接入央行征信系统（截至 2015 年年底，金融信用信息基础数据库已为 8.8 亿自然人和 2 120 万户企业建立了信用档案）后，使风险管理更省时省力；在市场营销方面，铺天盖地的精准营销覆盖各大门户网站及搜索引擎，展示广告也屡屡出现银行的标语，短信、微信、微博上也有银行隔三岔五推送的广告，网上银行分销理财产品、基金和保险也使银行获益不少。

近几年，金融机构开始真正深入思考，在产品研发和服务两个领域，银行能在互联网技术上有哪些更进一步的突破。

一谈到产品研发，银行总会叫苦连天——基于监管等原因，国内有些金融产品创新受到限制，使金融产品不够多样化，没有足够的亮点吸引客户。

其实，在现有的监管框架下，产品研发仍大有可为——银行可通过数据发掘客户需求，低成本地推出客制化（customization）产品。

大多数银行一般以产品为中心做推广营销——比如，理财产品的门槛是 5 万元，银行发现客户的账户有 5 万元以上，就会说服客户进行理财，有的客户甚至不了解理财产品的投资标的就投资了；再比如，信用卡产品，有些银行通过各种渠道发出几百万张信用卡，却忽略了极低的开卡率。

这里体现了两个问题：

一是产品研发和市场营销的断层。产品研发没有深度挖掘客户需求，未将需求反馈、传达给市场营销部门；市场营销部门没有把市场动态及时更新反馈给产品研发部门。

二是产品的高度标准化。一款产品可以卖给所有客户，而不做任何客制化的设计。

近年来，不少银行的产品研发开始由以产品为中心向以客户为中心转变。

银行通过客户信用卡的消费数据，可以分析客户的消费习惯进而挖掘客户需求，在信用卡折扣商户和个人消费贷款方面，银行可以给客户设计客制化的产品进而精准营销。

银行可以通过深度挖掘大数据，从多个维度对客户进行客群划分。划分的标准可以是年龄、信用卡的使用频率、还款方式、消费商户类别等。除了根据客群的不同提供差异化的服务外，银行也可以估算不同客群为银行带来的客户价值（customer value），根据客群的人均利润程度进行战略选择。当然，这要求较好的数据基础与较高的数据处理能力。很多金融机构在数据积累方面做得不够，从不同数据源获取的信息，并没有较好地进行数据清理与整合，有价值的数据未被很好利用。要充分利用大数据，数据结构的设计与基础设施的架设不容忽视。

根据客群划分进行客制化产品与服务的推送，银行可以获得一定的销售数据，这些销售数据（如客户对产品的兴趣、成交率等）可以进一步修正产品及服务与相应客群的匹配程度，以进一步优化客户体验。

在服务层面上，银行大力开发低成本渠道，如网上银行、手机银行、微信银行、电话银行等。这些渠道可以成规模地服务客户，而每增加一个客户，付出的额外成本趋近于零（也就是所谓的经济规模效应带来的边际成本递减）。非实体接触点（touch points）较好地服务客户，特别是熟悉数码产品的“80后”“90后”“00后”客户。除非是相关业务要求必须本人去银行网点办理，大部分人还是愿意选择上述渠道办理。

如果在上述几个方面都做到彻底的互联网化，那么，银行可以考虑建立直销银行（direct bank），如图 1-2 所示。

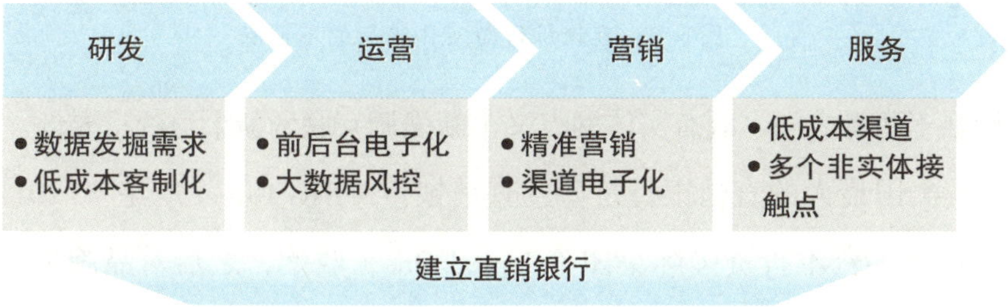

图1-2　互联网技术对银行价值链的颠覆

2. 什么是直销银行

直销银行在国际上不是新鲜事物，近几年成了国内媒体的宠儿。与直销银行相对的是实体银行（brick-and-mortar bank），它们最大的区别在于渠道。直销很行与实体银行的不同点如图 1-3 所示。

直销银行通常没有或很少有实体网点，所有服务通过网上银行、手机银行或者电话银行提供。一般而言，客户可以通过 ATM（一般与维萨、万事达卡合作）或邮寄信件获取服务。

当然，直销银行和实体银行是两种截然不同的经营模式，不少银

	直销银行	实体银行
实体网点数	• 很少或没有	• 很多
主要渠道	• 网络 • 手机、电话 • ATM ……	• 实体网点 • ATM ……
例子	• Capital One 360 • Simple • Ally Bank ……	• 工商银行 • 建设银行 • 中国银行 ……

图1–3　直销银行与实体银行的不同点

行处于两者之间，既有实体网点又不断强调互联网新渠道的重要性。

美国最大的直销银行是荷兰直销银行（ING Direct），它于 2012 年被第一资本投资国际集团（Capital One）收购，之后对品牌进行了重塑，现改名为 Capital One 360。Capital One 360 在全球皆有业务，最早的海外拓展举措是 1997 年进驻加拿大。

1989 年 10 月 1 日，第一家功能较为齐全的直销银行——第一直销银行（First Direct）在英国诞生。作为英国米特兰银行（Midland Bank）的子公司，第一直销银行在推出的时候没有分行。那时互联网还不盛行，第一直销银行仅通过利兹市的一个呼叫中心进行 24 小时营业。

那么，直销银行成功的关键要素有哪些呢？我准备用市场营销理论里的 4P [产品（Product）、价格（Price）、促销（Promotion）和渠道（Place）]、国际案例并结合中国国情探索直销银行的最佳实践。直销银行 4P 理论最佳实践如图 1–4 所示。

图1-4 直销银行4P理论最佳实践

（1）产 品

在直销银行进入一个新市场的时候，一般会主打一两个拳头产品，再慢慢丰富产品线。这和创业公司的最小化可行产品（Minimum Viable Product，简称 MVP）概念类似，即用最快、最简明的方式建立一个可用的产品原型，这个原型要表达产品最终想要的效果，再通过产品迭代完善细节。

国外的存款产品比国内多，但不适合国内目前的市场环境。一些国家或地区的银行可以做证券经纪的工作，如美国的 E-Trade。

而在国内，这个工作是由券商承担，银行无法介入。

立足我国国情，新建立的直销银行可以在信用卡、消费信贷方面做差异化业务。纵观现在市面上的数十家直销银行，大同小异，多是余额理财产品（“余额宝”类产品）、定活两通产品、个人财务管理产品……唯有信贷类业务没有涉足。

除产品外，更重要的是产品的延伸——服务。美国大部分直销银行提供全年无休的电话银行服务，在电话里一般不超过两个操作就可以联系到人工客服。这是大部分国内银行无法做到的。要知道，美国的直销银行之所以能快速发展，其中一个原因就是客户对实体银行愈发不满。卓越的服务可以很好地弥补网点的不足。

（2）价　格

对于银行来说，价格体现在利率上。纵观国际最佳实践，直销银行吸收存款的最常用战略是降价，即提高存款利率。

我国存款利率上限（之前是央行基准利率的 1.1 倍，2014 年 11 月被调整为 1.2 倍）一直没有放开。中小行大多以存款利率上限吸储，大行利率较低。在利率未市场化的前提下，直销银行在存款价格上无法进一步下降，不能充分利用高息揽储策略。然而，随着 2015 年 5 月 1 日《存款保险条例》的落地与同年 10 月 23 日央行宣布放开存款利率上限，我国的利率市场化改革进入新阶段，直销银行也有了更多可以操作的空间。

国际直销银行一般不会采取全面降价的策略：主打的拳头产品会用较高的利率吸引储户，甚至会有开户送现金的促销活动；但其他产品则保持标准价格，以保证盈利。

(3) 促 销

直销银行的促销策略多样化，最主要的决定因素在于目标客群。已经有客户的直销银行（比如民生银行 2014 年 2 月底推出的直销银行，平安银行 8 月推出的“橙子银行”），可以利用现有的渠道接触客户，进行交叉销售，这样获客较容易。

另外，直销银行可以利用社交网络进行促销。社交网络中的活跃者大多对新鲜事物接受程度较高，也较容易接受直销银行的概念。微博、微信等自然是必不可少的促销渠道。在此分享一个有趣的案例：德国 Fidor Bank AG 有一个产品叫作 Fidor Pay Account，存款利率由社交网络服务网站脸书（Facebook）上“喜欢”（Like）的个数决定，“喜欢”的个数达到某一数量，利率就会上调。微众银行和网商银行可以借鉴这一方式，如设计一款产品，若微博上有 100 万人转发，或在微信上成功邀请 100 个好友，利率可翻倍。

(4) 渠 道

要在渠道上发力，直销银行自然要兼顾网上银行、手机银行等多个非实体接触点。但是，直销银行并不是都没有实体分行。不同国家或地区的法律有不同要求。比如我国香港，如果经营直销银行（在香港叫作“虚拟银行”），需要经营至少一个实体网点，通常以旗舰店的形式出现。而 Capital One 360 在美国有一个特别的做法——建立咖啡厅，咖啡厅的名字叫作 Capital One 360 咖啡（Capital One 360 Cafe）。

1.5 美元的咖啡价格相当亲民，舒适的环境，人们可以坐一整天。除了角落里的 ATM 和银行有关外，其他和星巴克没什么两样。可这里的店员都是银行家！这些银行家会在送咖啡的时候和你聊上两句，看看你在金融方面有没有需要帮助的地方——你可以咨询如何理财、如何配置资产等问题，他们会推荐最适合你的产品或服务。

2012 年 5 月，华润银行与太平洋咖啡在国内首创咖啡银行模式。招商银行在 2014 年 3 月宣布和韩国第一咖啡连锁品牌“咖啡陪你”（Caffebene）合作，启动咖啡银行模式。

除了旗舰店外，直销银行总要有让客户取款的地方。最直接的方法是和 ATM 网络合作。在中国，直销银行可以与银联合作。

此外，如果监管允许，直销银行可以考虑与便利店合作，提供取现服务。但便利店取现存在一定局限性，只能满足小额取现需求，大额取现可能还是要靠转账实现。从这个角度来看，具有线下优势的苏宁很适合开直销银行。

另外，还有一种设备叫作远程柜员机（Virtual Teller Machine，简称 VTM），简单来说，就是一部有视频通话功能的 ATM。2012 年 7 月，广发银行首度推出远程柜员机。客户可以通过远程视频与银行工作人员交流，也可以快捷自助办理个人业务。如果网点功能必不可少而网点成本又太高，直销银行可以采用这种介于 ATM 和分行之间的设备。

3. 直销银行在国内的发展

直销银行在国内已经有不少实践，但除了微众银行等新成立的互联网银行外，目前大多数直销银行是传统银行推出的子品牌。

工商银行推出过“e卡”产品，主要用于电子商务的支付。工商银行的客户可以在网上直接注册e卡账户，拥有一个没有实体卡的全新账号。客户可以把主账户的钱划入其中。在网上购物的时候，填写e卡账户的信息进行购买，这样可以规避主账户信息泄露的风险。兴业银行和交通银行随后也推出过类似的服务，但在功能上更进一步——除支付功能外，还附加了理财功能，客户可以直接购买基金、预约购买国债等。但工商银行和交通银行的网上开卡只有老客户才能办理，兴业银行的新客户也可以在网上预约后到网点开设虚拟账户。

2010年4月，招商银行推出了侧重于理财业务的产品“i理财”。客户即使没有招商银行的账户，也可以用其他银行的银行卡作为主卡申请“i理财”账户。非招商银行客户可以在网上完成账户的开设，但需要将身份证的复印件通过传真、邮件等方式发给招商银行，进行身份验证。

平安银行在2011年随后跟进，推出了“财富e”产品。2013年携手南方基金在“财富e”上推出了类“余额宝”产品“平安盈”。他行客户开设平安银行账户需要通过从他行同名账户转一笔钱进入“平安盈”虚拟账户，进行身份认证。

2013年5月，中信银行在其金融商城推出网络账户。账户激活时，客户需手持身份证拍照发送给中信银行以验证身份。

2013年9月，北京银行在它的股东ING集团的帮助下，在四个城市（北京、济南、南京、西安）试点直销银行业务。但客户不能在网上开户，需要亲自到直销网点通过 VTM 开设账户。

当月，民生银行和阿里巴巴签订了多方面的战略合作协议，涵盖资金清算与结算业务、信用卡业务、理财业务、直销银行业务、互联网终端金融业务、IT 科技等。

2014 年 2 月，民生银行不负众望地推出了直销银行。他行客户开设账户的验证方法和平安银行的“财富 e”一样，即从他行账户转任意金额进民生银行的直销银行。民生银行的直销银行初期仅推出三个拳头产品——“随心存”“如意宝”“轻松汇”，后慢慢拓展至基金、保险、贵金属等产品。

2014 年 3 月，央行支付清算总中心召集了 12 家银行的相关负责人在京开会，肯定了民生银行等直销银行的创新模式。

2014 年 11 月，以创新能力见长的平安银行推出了“年轻人的银行”——橙子银行。功能和民生银行的直销银行相似。在民生银行的直销银行的基础功能之上，橙子银行还加入了“许愿”功能——用户可以设定一个理财目标，通过购买理财产品支持目标，每次登录可以查询距离目标的进度。比如用户“许愿”设定一个马尔代夫之旅的目标，需要 5 万元，用户申购了一个 3 万元的理财产品，可以挂在这个愿望下面，显示该愿望进度“已完成了 60%”。虽然这个功能很有趣，但其本质仍是记账，投资者并不能获得额外收益，后这个功能被橙子银行撤销了。

2015 年 12 月，央行正式下发《关于改进个人银行账户服务，加强账户管理的通知》，规定银行建立账户分类管理机制。个人银行账户被分为三个级别，不同级别的差异可以参照图 1–5。通过电子渠道（如网上银行、手机银行）开设的 II 类账户和 III 类账户在消费和缴费额度上有限制，而 III 类账户的余额不能超过 1 000 元。I 类账户在自助机具（如前文提到的 VTM）上可以开设，但需要银行工作人员进行身份验证。

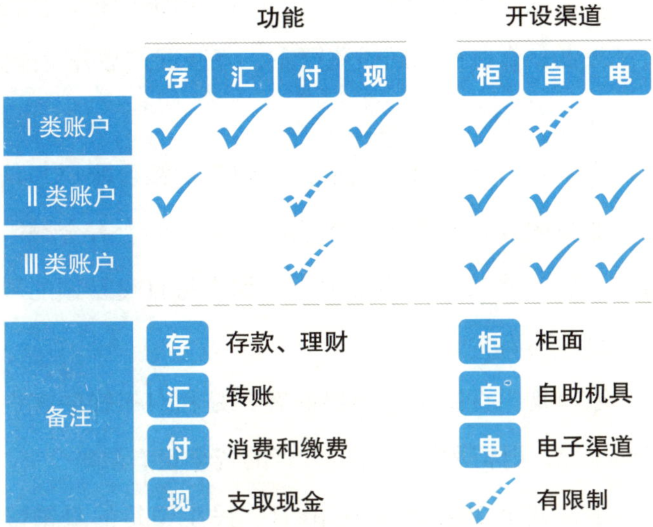

图1–5　个人银行账户分级

II 类账户在业界被定义为“直销银行账户”。这个规定让直销银行的功能进一步扩大：以前直销银行需要遵循“钱从哪里来再回哪里去”的原则，主要功能是存款和理财。随着新规落地，直销银行也将拥有支付功能（虽然每天上限仅有 1 万元）。

紧接着，各家直销银行如雨后春笋般出现，希望可以赶上这波互联网金融浪潮。截至 2017 年 3 月，据不完全统计，市面上已有超过 90 家直销银行。除了大型股份制银行外，不少地方性银行（如包商银行的有氧金融）也加入了这波浪潮——直销银行可以帮助它们突破网点数量和经营区域的限制，拓展业务。

4. 中国直销银行的特点

相比国外较成熟的直销银行，中国的直销银行有三个特点：人均资产余额较低、金融产品同质化严重、互联网产品开发能力薄弱。

（1）人均资产余额较低

除非客户亲自去线下进行认证，否则直销银行账户都是默认为 II 类账户，业务内容自然受限，无法满足客户的所有金融需求。因此，只有较少客户将其作为主要银行，加之每日交易额的限制，人均资产余额自然不高。

另一个原因是，直销银行的目标客户是相对年轻的客户，这一客群大多尚未完成财富积累，可以投资的资金量有限。

数据显示，截至 2016 年 4 月 10 日，民生银行的直销银行客户数近 330 万，资产余额超 360 亿元，人均资产只有 1 万多元。截至 2016 年 3 月底，平安银行的橙子银行的客户数 630 万，资产规模约 100 亿元，人均资产不到 2 000 元。

（2）金融产品同质化严重

因为业务类别的限制，大部分直销银行都以“存款 + 理财”为主要产品。

存款类产品除了普通的活期存款和定期存款外，主要是类“余额宝”产品和定活两存类产品。以民生直销银行为例，“如意宝”是和“余额宝”类似的货币基金产品，客户可以在多款货币基金产品中做出选择。“随心存”是定活两存类产品，根据民生直销银行的介绍，办理“随心存”业务后，如客户电子账户内活期存款达到起存条件 1 000 元，自动生成期限为 1 年的“随心存”账户，在此存期内可随时支取本金，支取部分按支取前最大周期的定期对待，直至支取周期缩短至一定时间，才按活期对待，系统根据存款期限按最大化结转利息，保证客户存款收益。举个例子：办理“随心存”4 个月后支取部分本金，支取本金收益 = 3 个月定期存款利率 × 支取金额 × 4 个月天数 ÷ 360 天，剩余款项仍根据存款期限按最大化结转利息。

理财类产品主要是基金和理财型保险的代销业务（已不在“自有产品”范畴）。银行理财类产品由于需要进行线下风险评测，所以大部分银行没有将其作为主要产品。

（3）互联网产品开发能力薄弱

如前所述，目前中国大部分的直销银行是传统银行的子品牌，互联网基因十分欠缺。一般传统银行开发直销银行时，会将开发工作大量外包，而大部分传统银行的技术及产品供应商的互联网产品开发能力都比较弱，所以，客户体验通常不尽如人意。针对这个问题，有些银行会将直销银行独立运作、自主招聘（比如包商银行旗下的有氧金融），有些银行会选择与互联网公司进行合作开发（比如民生直销银行与阿里巴巴的合作）。

5. 银行电商可行吗

据不完全统计，建设银行、中国银行、交通银行、招商银行、工商银行、光大银行、兴业银行、民生银行等皆涉足了电商。2013年8月，兴业银行的信用卡商城关闭，给了各大银行电商一个警示。

中国的互联网行业有“721”定律，即一个超级公司会占据市场70%的份额，第二大公司会占据市场20%的份额，剩余的10%由其他小公司“分吃”（当然，具体的市场份额还要看公司所处的领域）。目前，电子商务的主要市场份额已被阿里巴巴和京东占据，银行虽可以通过向已有客户进行交叉销售，但客户的购买习惯短期内无法养成，流量很难做起来。而且，并非电商出身的银行涉足不熟悉的领域，很难发挥自身优势。银行除非收购发展较好的电商平台，否则从零做起难成气候。银行从零起步做电商还有一个致命的缺点——最小存货单位（Stock Keeping Unit，简称SKU）较少，也就是品类较少，很难吸引除银行客户以外的人群。另外，电商业务的成本高企，不易赢利。以腾讯的电商业务为例，2013年其电子商务的成本占业务收入的95%，即每赚1元钱，就要付9角5分的成本。自建电商前期投入的成本确实不小，而回报周期却很长。

如果只是为了做B2C电商贷款业务，很可能重蹈2007年工商银行、建设银行与阿里巴巴合作的覆辙。现在，有不少银行尝试这种做法，平安银行和易贝的合作便是一个例子。

韩愈在《师说》中说："术业有专攻。"银行与电商企业合作，如果能结合双方的专业优势，发挥协同效应，当然是可取的。开放、合作是互联网思维的重要部分。

（二）保　险

根据美国博思艾伦（Booz Allen Hamilton）咨询公司的测算，通过网络向客户出售保险或提供服务要比传统营销方式节省58%~71%的费用。网销渠道对于保险公司的重要性不仅体现在成本的节约上，互联网规模化的本质还能极大扩大保险的覆盖范围，让更多的非保险客户成为保险客户。

保险的互联网化在中国还有较大的发展空间，各大保险公司都在跃跃欲试，努力开发自己的产品。

1. 互联网保险有人买吗

随着近几年互联网金融的持续发展，互联网保险也水涨船高。根据保监会和中国保险行业协会的数据，近几年互联网保险保费都以超过100%的增长率在增长，2015年保费超过了2 000亿元。不过，互联网保险保费占总保费的比例仍不到10%。2013—2015年中国互联网保险保费收入规模如图1–6所示。

网销保费占比不大有多方面的原因。单从需求端来看，主要有两个原因：一是单价不高，二是量不大。

单价不高：目前，大部分互联网保险产品是相对简单、标准化

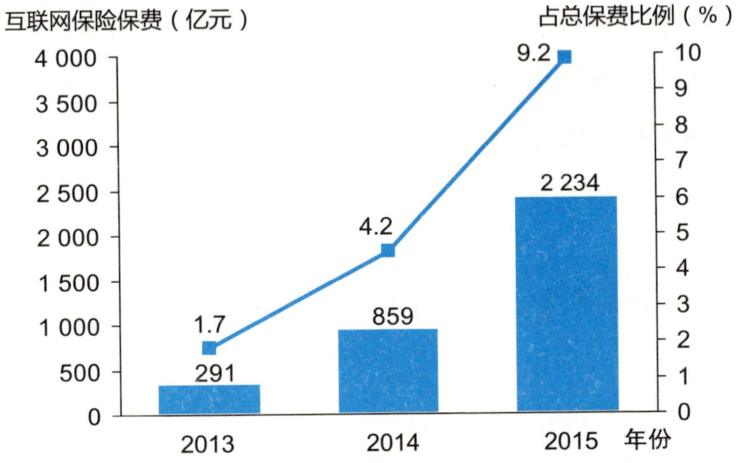

图1-6　2013—2015年中国互联网保险保费收入规模

资料来源：保监会、中国保险行业协会。

程度较高且保额较低的产品。这其中的部分原因是国内消费者对在网上支付高额保费心存顾虑。和网购商品不同，网购商品可以拿到实体的物品，而网购保险收到的只是一份合同或者一封电子邮件。普通的消费者对于大额保险产品，还是很谨慎。

量不大：最主要的原因是客户主动购买习惯尚未养成，而网销渠道覆盖的大多是主动购买的客户。中国台湾人均保单三份以上，民众的保险意识非常高。反观中国大陆，保险渗透率非常低，寿险产品大部分是因为客户被保险代理人或银行说服，半推半就买的。有时买下来后，客户才发现是理财产品而非保险产品。而占非寿险保费约70%的车险则是由于监管要求不得不买，且现在买车一族大多也是通过其他渠道（如车商、电销）购买的。客户主动购买保险产品还是较少的。

值得一提的是，近年来的互联网保费增长主要依靠理财型保险——各大理财平台主打的活期理财产品有不少是理财型保险。不过，随着2016年3月1年期中短存续期产品（投连险、变额年金保险产品除外）的叫停，这部分保费将会出现断崖式的下降。

从产品的供应端即保险公司的角度来看，大部分保险公司目前对网络渠道的定位还停留在“开发客户”（lead generation）的层次——通过便宜甚至免费的产品得到客户的信息（如性别、职业、电话、电邮等），再对客户进行初步的客群划分，并借助其他渠道（比如电话销售或代理人）对具体客户进行升级销售。当然，有些保险公司把网络渠道放在一个较高的战略层面上，但目前还是少数。

2. 互联网技术与保险价值链

了解了现状，我们可以探讨保险公司如何活用互联网技术。

从价值链的角度来说，如果忽略保险公司的资产管理业务和投资业务，一般的保险产品都要经历四个环节：产品设计、市场营销、定价核保、理赔服务。

（1）产品设计

互联网保险产品大多面临一个同样的问题——同质化。前文已提到，目前网销的保险大多是相对简单、标准化程度较高且保额较低的产品，这些产品很难设计得与众不同，消费者很难辨别两家公司同类产品的差别之处。所以，保险公司就只能在品牌上下功夫。同时，保险公司还可以在产品设计上多花点儿心思。

一是大力发展理财类产品。

余额宝在2014年2月突破5 000亿元，直接说明了中国投资者对投资理财的迫切需求。保险公司在设计互联网保险产品时，可以深度挖掘理财方面的需求。虽然1年期中短存续期人身保险产品被叫停，但投连险产品可以好好挖掘。此外，财产险公司在理财型保险方面屡有创新，比如众安保险曾在微众银行和小赢理财推出的“众赢二号”产品，就是一款高流动性的投资型保险。

二是发掘需求，研发客制化产品。

简单的做法是先将客户按性别或职业做客群划分，然后提供客制化的产品。比如每年“三八”妇女节保险公司都会大力推销针对女性生理特点专门设计的“女性险”，以泰康人寿的“e顺女性疾病保险”为例，涵盖针对乳腺癌、宫颈癌、卵巢癌、女性原位癌等多项保障。又如2013年泰康人寿与淘宝保险共同推出的“乐业保”，是为电商平台上的卖家、客服等群体提供低成本、高保障的意外健康险等保障服务。

再者，保险公司可以利用市场数据，或与互联网公司深度合作，运用大数据深度了解客户需求，以设计客制化产品。举个例子，假设数据表明养宠物的人日渐增多，宠物在家庭中的地位越来越高，除了导致他人受伤的第三者责任险，保险公司还可以考虑设计为宠物本身提供医疗保障的险种。宠物保险在国外是较为普遍的险种，英国和瑞典的宠物保险渗透率（被保宠物占所有宠物比例）已超过

30%，如若推出，想必有相当大的需求量。

三是条款通俗化。

传统的保险条款大多专业性强，专业术语晦涩难懂，对于普通投资者来说，需要花大量时间阅读研究，这无疑提高了投资门槛。保险公司可考虑用较为口语的表达方式描述保险条款，避免误导和费解。

（2）市场营销

大部分保险公司投放广告主要有三个渠道：户外、收音机和互联网。前两者主要做品牌，后者促成网上交易。

需要明确的是，互联网保险市场营销的关键是注重品牌建设。

现在互联网保险产品同质化严重，如果没有品牌、没有噱头，普通产品是很难从众多产品中脱颖而出的。于是，众多保险公司迎合数码一族的喜好，用网上的各种流行文化把产品包装起来。

如安联保险推出的“赏月险”，对中秋节当晚人们因天气原因无法赏月的“损失”进行赔偿。它分为两档：上海、广州、深圳三个城市的保费为 20 元，保额为 50 元；包括北京在内的 41 个城市的保费为 99 元，保额为 188 元。理赔标准则以当天 20:00 至次日 2:00 中国天气网的天气播报进行评判。这个保险推出后，许多人纷纷评论——这不是赌博吗？但其实“赏月险”的本质是人身意外险，赏月的保障只是一个附加险。换言之，这只是一种迎合消费者的营销手段。

类似的产品还有在 2013 年 11 月 11 日“光棍节”，平安保险推出的“脱光险”，实际上只是包装的意外险产品。

中国人保推出的本质为监护人责任险的“熊孩子险”，其实早在2009年就已推出，只是“熊孩子”这一名词在网上比较流行，于是2013年包装后重新推出。

上述几种产品并不能给保险公司带来多大收益，主要是为了进行品牌宣传。

2014年3月26日，阿里巴巴和国华人寿合作推出的“娱乐宝”是一款投连险，投资的是阿里巴巴数字娱乐事业群的几部电影（《小时代3》《狼图腾》等），等电影上映收回成本并赢利之后，再回报给每一位保单受益人。这个产品在短短一天内便获得了20多万人的预约。

值得一提的是，这类保险产品由于标新立异，即使不发新闻通稿，也会吸引大量媒体进行报道——自2013年“互联网金融元年”起，任何和金融创新、互联网金融有关的产品，都会有媒体争先宣传。保监会对这一营销活动也有不少担忧：2014年3月，保监会发声强调禁止保险公司打着产品创新的旗号，吸引市场关注，在销售过程中进行虚假宣传，侵害消费者利益。

除了品牌建设外，保险公司也应该重视社交网络营销。泰康人寿在这方面有超前的尝试。2014年2月，泰康人寿开始内测一个名为“微互助”的防癌险，每份保费1元。当你关注了泰康人寿的微信公众号并购买了1元防癌险后，可以将链接发送至朋友圈或直接发送给微信好友，让他们为你增加保额，每个朋友限额1元，18~39

岁的被保人每 1 元钱可以增加保额 1 000 元，40~49 岁的被保人每 1 元钱可以增加保额 300 元。投保期为 30 天，保障时间为 1 年。

对于消费者来说，这种产品的保障意义并不大——时间短、保额低，更多的意义在于社交。近乎零成本的操作满足了客户的社交需求——这是这款产品最吸引人的地方。对于保险公司来说，其实并赚不到什么钱——1 元钱的保费，盈利可想而知。因此，这款产品的意义还是在于营销——打造品牌和获取新客户。

重视桌面端的互联网销售之外，不少保险公司已开发了自己的 App，进行移动端分销，以满足客户在移动端购买并管理保单的需求。保险公司的微信公众号可提供多元化的服务，客户可以通过公众号直接购买保险产品。根据中国互联网络信息中心（China Internet Network Information Center，简称 CNNIC）的统计，截至 2016 年 12 月，中国的手机网民规模达 6.95 亿人次，网民中使用手机上网的人群比例达到 95.1%，移动端的重要性不言而喻。

此外，保险公司还可以布局第三方互联网渠道，比如前文提到的“赏月险”和“脱光险”，都是和阿里巴巴旗下的淘宝进行合作，泰康人寿的“微互助”则是和微信合作。撇开宣传效应，拥有大量用户的互联网平台其实也可以给保险公司带来收益。长安保险在 2013 年 11 月与众筹网合作推出了“爱情保险”。爱情保险投保 520 元（其中 20 元保费由众筹网承担），在 5 年后凭有效结婚证件可以领取 999 元爱情津贴，年化回报率达 14%，自然吸引了不少投资者的青睐：11 月 11 日至 19 日短短 9 天时间，共有 5 392 人投保，保费规模达600多万元。

关于渠道，多固然是好，但对于渠道结构的变化，过渡尤为重要。如果瞬间把所有的流量都转到网销渠道，代理人和银行的工作就不好进行。处理好渠道之间的蚕食效应（cannibalization effect），尝试让每个渠道都有自己独有的“爆款”。比如一些保险产品只能在网上才能够买，一些保险产品只能在代理人渠道才能够买，这样可以让渠道结构平缓转型。

（3）定价核保

定价一直以来都是国内保险公司头疼的问题，保险产品定价较为复杂。相比西方国家，国内保险公司定价能力较弱，主要体现在两个方面：一是数据的积累上，二是方法论（采集的数据未能有效运用）上。举个例子，某个意外事故几万年才发生一次，但国内的保险公司几十年积累的数据中并没有该种事故的记录，数据的积累量并不能支持它定价。而这种情况，方法论上也有待开发。如承保某个建筑物的火灾风险，“建筑物周围有多少棵树”这个数量或许会影响产险的定价（比如可能阻碍消防车进一步接近，木材易燃可能引起连锁反应，却也可能帮助消防员定位等），或许不会。这个数据保险公司可以采集，但是具体怎么运用却不知道。

除了能力方面的限制，保险公司还有来自渠道商和监管部门的压力。以车险为例，近年由于新车销售放缓，大型汽车生产厂家和经销商为了维持利润，凭借资源优势，向保险公司提价。有媒体报道称：上海的商业车险手续费率已经上升到20%~30%的水平，这个数字远超自律公约中商业车险 15% 和交强险 4% 的上限。个别地区商业车险更是出现 30%~50% 的超高费率。监管方面，自 2006 年起，监管机构在车险方面放慢了费率市场化改革的步伐，规定了基本车险条款和费率，大大限制了保险公司的定价自主权。交强险自 2009 年起连续多年亏损，主要原因是统一条款费率未能反映近年物价、人身赔偿费用和汽车修理费用的上涨。不过，费率市场化的趋势也有，比如 2012 年上半年，保监会发布了《关于加强机动车辆商业保险条款费率管理的通知》，允许符合条件（条件较多）的保险公司按自身数据拟定商业车险条款及费率。2015 年 3 月，保监会又出台了《深化商业车险条款费率管理制度改革试点工作方案》，车险费率进一步市场化。

面对如此大的压力，保险公司应该如何定价？车联网的蓬勃发展或许能给车险业务一个很好的启示：国外市场参与者很多已走在中国的前头，例如美国的前进（Progressive）保险公司，在约十年前就推出了基于使用的保险（Usage-Based Insurance，简称 UBI）。这种保险会在投保人的汽车上安装一个车载诊断系统（On Board Diagnostic，简称 OBD）——北京环保局在 2006 年强制要求新车安装 OBD，限制了不少车型进入市场。OBD 可以检测尾气是否超标、发动机是否有问题等，也可以记录车辆行驶的里程，甚至能分析司机的驾驶习惯。简单的 UBI 根据 OBD 记录的里程进行计费：开车时计费，不开车不计费，这对于开车频率低的人来说是一个不错的选择。高端的 UBI 会记录司机的开车习惯：若疲劳驾驶或开车时接电话，第二年的保费会上涨；若遵守交通规则，开车时谨慎小心，通常下一年可以有不错的保费折扣。UBI鼓励负责任、合理的驾驶习惯，让整体驾车环境更安全。国内做UBI的公司团队有“极目智能”“车挣”等，但仍处于起步阶段。

关于核保，国际上主要依赖大数据：比如家财险的核保，美国的保险公司会接入Contractor Connection公司、巨灾模型公司EQECAT等数据供应商的数据进行核保。在中国，2010年2月4日，中国保险行业协会召集了各个财险公司的负责人，决议各公司一同出资建立一个行业车险信息集中平台，这给车险核保带来了极大的便利。

（4）理赔服务

理赔服务环节中最让保险公司担忧的是欺诈事件。根据美国研究机构估算，美国医疗保险行业每年因骗保损失600亿~2 500亿美元。

传统的检测方法使用的模型简单，仅能基于过去发现的欺诈行为进行检测，新的欺诈行为有可能被直接忽略。而互联网给保险公司检测欺诈行为带来了便利——大数据的应用较好地降低了欺诈的风险。举个例子，在处理某交通意外的时候，保险公司在数据库中搜索事故受害人的个人信息，若发现他在过去1个月内卷入其他公司的多个车祸理赔案件中，这时就需要考虑骗保的可能性。

此外，理赔的效率也是保险公司关注的问题，移动互联网的发展大幅提高了理赔效率。客户可以通过手机拍照上传病历、发票等材料进行自助理赔，之后再预约服务人员上门收取相关材料；还可以用手机拍下现场照片，通过相应的App进行理赔。一般赔付时间不超过三天，小额赔偿费用甚至可以实现当天赔付。

综上所述，总结保险公司运用互联网技术的最佳实践，如图1-7所示。

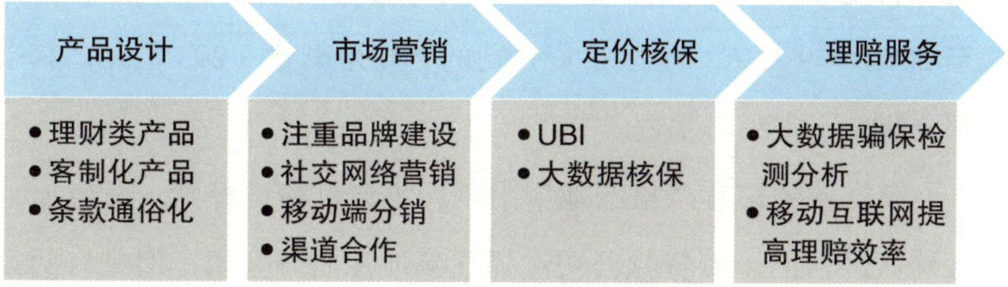

图1-7 保险公司运用互联网技术的最佳实践

二、互联网公司金融机构化

京东小贷、苏宁小贷、百度小贷等互联网电商系小贷公司紧随阿里小贷，如雨后春笋般纷纷成立。腾讯、阿里巴巴拟订首批民营银行试点方案，百度、苏宁对创办银行跃跃欲试。互联网公司纷纷开始做金融业务。

（一）互联网电商系小贷公司

相对于互联网创业公司，传统金融机构除了拥有产品的主导权优势外，它们在消费者心中还有较好的印象——国家隐性担保、历史悠久、有遍布各地的分支机构等。

但不是所有的“正牌军”都有如此待遇，小额贷款公司发展艰难。2012 年“小额信贷年度人物”、广州市花都万穗小额贷款公司的前董事长张化桥曾慷慨激昂地写下了《为高利贷平反昭雪》这篇博文，肯定了小贷公司为中国经济做出的贡献。根据央行的数据，截至 2016 年 9 月末，全国小贷公司的贷款余额达 9 293 亿元，其中大部分流向了中小微企业。

小额贷款公司有严格的地域限制，不允许跨区经营。所以，大部分跨区经营的小额贷款公司选择在各地注册分公司。但是有两家互联网电商出身的小额贷款公司先后拿到了开展全国业务的通行证，它们是阿里小贷和欧浦小贷。

1. 阿里小贷的前世今生

阿里小贷可算是十年磨一剑。作为蚂蚁金服的重要组成部分，阿里小贷最早可追溯到 2002 年“诚信通”的成立。

在此，我们总结一下阿里小贷的发展路径，具体可以分为三个阶段：数据积累期、经验积累期和独立发展期，如图 1–8 所示。

（1）数据积累期（2002—2006 年）

阿里巴巴在 2002 年 3 月推出了“诚信通”业务，主要针对会员的国内贸易。阿里巴巴雇用第三方对注册会员进行评估，并把评估结果连同会员在阿里巴巴的交易诚信记录展示在网上，帮助“诚信通”会员获得采购方的信任。2004 年 3 月，阿里巴巴又推出了“诚

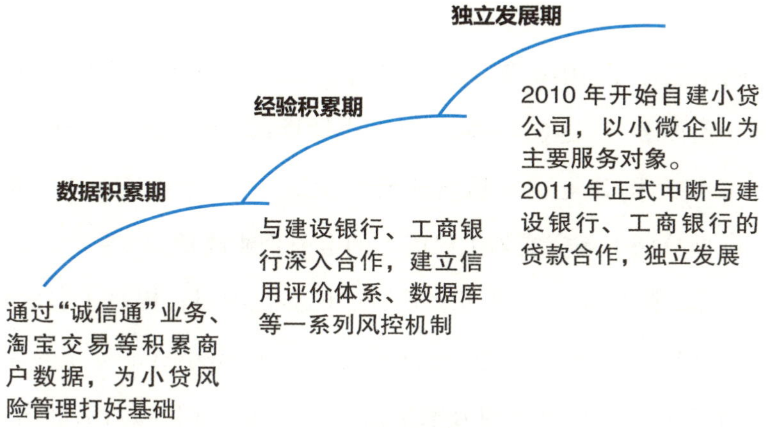

图1-8　阿里小贷的发展路径

信通指数”，用以衡量会员信用状况，这也成了阿里巴巴信用评估模型的基础。同时在 B2C 端，淘宝交易规模大幅增长，这为阿里巴巴积累了大量的原始数据。

（2）经验积累期（2007—2009 年）

2007 年，阿里巴巴与建设银行、工商银行合作，先后推出“e 贷通”及“易融通”贷款产品，主要服务于中小电商企业。阿里巴巴相当于银行的销售渠道及信息提供商，吸引了很多潜在借贷者，也使电商企业的融资渠道得以进一步拓展。但是，小电商大多达不到银行的准入门槛，所以，上述两款产品并未达到预想效果。

2008 年，阿里巴巴推出网商融资平台，云集了来自 400 多家国内外著名风险投资机构的 2 000 多名风险投资人。

以上都是阿里巴巴在贷款领域的初步尝试。

（3）独立发展期（2010 年至今）

阿里巴巴于 2010 年、2011 年先后成立了浙江阿里巴巴小额贷款股份有限公司及重庆市阿里巴巴小额贷款有限公司，注册资本分别为 6 亿元和 10 亿元（后增加至 18 亿元）。阿里小贷正式成立后，开始向部分城市淘宝或阿里巴巴上的电商企业放贷。

之后，阿里小贷开始了多轮资产证券化项目，提高了它的贷款额度。2012 年，嘉实基金子公司等参加了阿里小贷证券化的项目。2013 年 7 月，阿里巴巴与万家基金子公司的证券化项目借助诺亚财富完成募集。当月，阿里巴巴与东方资产管理公司合作的证券化项目获批，在交易所挂牌交易。

2013 年 8 月，阿里巴巴在重庆成立了第三家小贷公司，名为重庆市阿里小微小额贷款有限公司，注册资本 2 亿元。

至此，阿里小贷的商业模型形成，如图 1–9 所示。

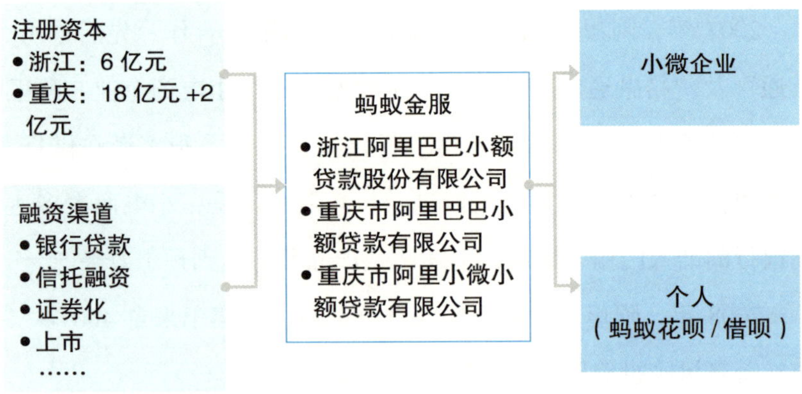

图1–9 阿里小贷商业模型

阿里小贷的资金来源有两部分：自己的注册资本金和来自第三方的融资。

注册资本金部分比较清晰：旗下三家小贷公司加起来一共是 26 亿元。

来自第三方的融资值得注意：根据央行与银监会 2008 年共同下发的《关于小额贷款公司试点的指导意见》(以下简称《指导意见》)，来自银行业金融机构的融资不得超过注册资本的 50%，即阿里小贷最多融资 13 亿元。这显然限制了阿里小贷的放贷额度，它最多放出 26 亿元 +13 亿元 =39 亿元。

《指导意见》虽然限制了阿里小贷从银行业金融机构融资，但并未限制其从其他渠道融资，例如信托融资、证券化甚至上市。

虽然，2011 年年底银监会曾口头通知部分信托公司谨慎对待与小贷公司的合作，但是阿里小贷还是突破重重压力，在 2012 年通过与山东信托合作，进行了两次融资。

关于证券化，其在中国主要有三种方式：央行和银监会主管的信贷资产证券化（Asset-Backed Securities，简称 ABS），证监会主管的企业资产证券化（主要通过券商专项资产管理计划，2014 年年初暂停后，于同年 11 月改为备案制），以及交易商协会主管的资产支持票据（Asset-Backed Notes，简称 ABN）。

在此，以阿里巴巴和东方证券的专项资产管理计划为例进行解释，具体内容如图 1-10 所示。

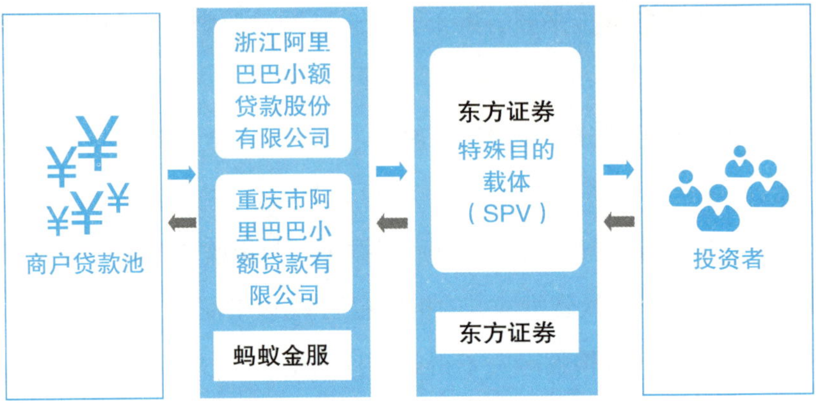

图1-10　阿里巴巴和东方证券的专项资产管理计划示意图

对于阿里小贷来说，贷款是它的一项资产：贷款是借款人的欠款，需要定期还本息，现金流相对稳定。

阿里小贷可以在券商的帮助下，把它的资产打包成证券，卖给投资者，获得现金。这个打包成证券的过程，就是证券化。证券化的过程中，券商需要成立一个特殊目的载体进行操作，投资者由此可以获得贷款产品的收益权。

而后，借款人定期还给银行本金和利息，在券商和特殊目的载体扣除手续费之后，剩下的是投资者的收益。

需要补充的是，自 2012 年起，基金子公司可取代券商的角色，参与证券化的过程。比如嘉实基金等就通过子公司参与了阿里小贷的资产证券化项目。保险公司的资管计划从 2014 年开始试点，阿里小贷（当时已改名为“蚂蚁微贷”）在同年与民生保险合作发行了 30 亿元的万能险产品。

阿里小贷通过该过程获得了现金，而这些现金可以用以向中小电商进一步放贷，扩大了放贷规模。

如果阿里小贷可以一直将其贷款证券化，其融资数额并没有实质上的上限。不过根据《证券公司资产证券化业务管理规定》，证券化申请周期最长可达两个月，这从时间上限制了整体贷款规模的增长速度。

小贷公司还可以通过上市融资。2013 年 8 月，吴江市鲈乡农村小额贷款股份有限公司在纳斯达克上市，成功募集到约 900 万美元。

2014 年，随着蚂蚁金服的成立，阿里小贷改名为“蚂蚁微贷”。蚂蚁微贷通过与数十家电商平台合作，推出了“蚂蚁花呗”服务，对买家发放消费贷款。根据蚂蚁微贷官网的数据，截至 2015 年 3 月底，蚂蚁微贷累计投放贷款超过 4 000 亿元。累计超过 140 万小微企业从蚂蚁微贷得到了年化利率低于 20% 的贷款。

2. 欧浦小贷：B2B 垂直电商的金融副业

2014 年 1 月 27 日，欧浦钢网在深圳中小板上市，开盘首日与其他 7 只新股集体涨幅超 44%，这是一家有实力的上市企业，总部在广东佛山。

欧浦钢网是做钢铁物流起家的。它将仓库租给钢材贸易商并做钢材加工业务，并负责物流运输业务。由于仓库可以存货，欧浦开始和银行、担保机构合作，作为金融质押平台，为客户提供融资担保服务。简单来说，需要资金的钢材贸易商把储存在欧浦仓库的货物作为质押品，向银行借款。这在贸易融资里是很常见的产品，叫作“仓单质押融资”（warehouse receipt financing）。

2006年，华南交易网成立，它是欧浦钢网的前身。2010年，欧浦钢网的所在地乐从镇被国家工信部授予“国家级电子商务试点”，这是当时全国唯一一个镇级试点。欧浦钢网由此获得了国家不少政策和资金的扶持，并顺势推出“钢材超市”，做起了钢铁现货交易的B2B电商。与此同时，欧浦钢网还和不少线下仓库合作，让大量线下仓库入驻欧浦钢网。

欧浦小贷同阿里小贷的思路一样：阿里小贷是为了向中小电商提供更好的配套金融服务，欧浦小贷则是为了满足钢材贸易商的金融需求。

由此可见，欧浦小贷的基础和阿里小贷是类似的——电商平台积累的交易数据外加和金融机构合作的经验。还有一点，欧浦小贷和阿里小贷都有相应的“质押品”：阿里小贷的贷款其实并不是100%的信用贷款，因为淘宝或天猫的买家付款后，钱通常会在支付宝停留一段时间，所以，阿里小贷的贷款更像是应收账款质押贷款。如果贷款收不回来，阿里小贷可以从应收账款里直接扣。相应地，欧浦小贷拿到的是实实在在的钢材，以钢材价值的70%放贷，一秒到账，最多贷90天，按天计息，每天除了0.04%的利息外，还要加每吨7分钱的监管费。

如果钢材贸易商不还钱，钢材就会被欧浦接管。虽然钢材价格会波动，但3个月内价格下跌30%还是小概率事件，而且标准化程度高的钢材也相对容易出手。如果质押物的市场价贬值超过5%，钢材贸易商就需要增加质押物或部分还贷，否则欧浦小贷有权将货物以现行基准价格拍卖，拍卖所得优先偿还贷款本利。最后，欧浦小贷还可以通过历史数据预测市场价格波动，以控制贷款额度。因此，欧浦小贷面临的风险是相对可控的。

根据欧浦钢网主页，网上贷有“货押贷款”和“买货贷款”两种。

“货押贷款”是指货主通过欧浦钢网自主选择存放在欧浦钢铁交易市场且符合质押标准的货物进行质押贷款，系统自动按质押货物价值的70%发放贷款。

“买货贷款”是指买家通过贷款方式购买欧浦钢网“钢材超市”中符合质押基准品的货物，买家自付规定的贷款额度给卖家，通过网上操作即可完成。

可以看出，“买货贷款”和“货押贷款”的本质无差别，只是多了一个网上交易的步骤。当质押钢材转手的时候，欧浦小贷会自动通过“钢付宝”（欧浦钢网的支付工具）先扣除贷款本金和利息。

欧浦小贷其实早在2011年就已成立，但当时不能跨区经营。直到2013年10月，欧浦小贷才拿到广东省金融办的批文，成为全国第二家可以跨区经营的小贷公司。截至当时，欧浦小贷累计放贷12亿元，其中通过网上放出的贷款有2亿元。据欧浦小贷负责人透露，欧浦小贷其实一共有三个业务，分别针对线下优质客户、线下普通客户以及欧浦钢网会员，获批面向全国的业务仅针对后者。

欧浦小贷依托的市场之大难以想象，要知道光是欧浦钢网所在的乐从镇就有几百亿元的钢贸市场交易额，这个市场是欧浦小贷两亿元注册资本所无法覆盖的。可以想象，放开地域限制之后，欧浦小贷将会有多么可观的潜在市场。不过，欧浦小贷也透露，还是希望以与金融机构合作放贷为主——毕竟金融服务只是为了更好地服务钢材贸易商，钢铁物流和电商才是其主业，金融业务不能喧宾夺主。

3. 可复制的模式

阿里小贷和欧浦小贷的成功给了我们一个很好的启示：互联网电商系小贷公司是否能复制到其他垂直领域？我们可以回到交易的本质上看，如图 1-11 所示。

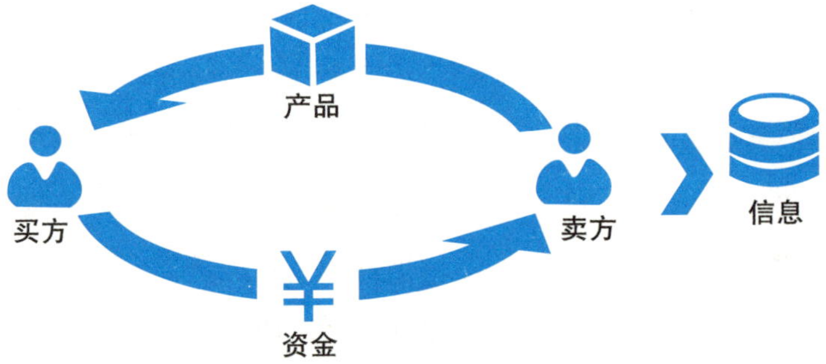

图1-11　交易的本质

从图 1-11 中我们可以看到，交易中除了买卖双方外，还有三个要素——产品、资金及信息，对应的商业模式分别是：物流、金融及数据服务。阿里巴巴的电商王国以菜鸟网络支撑物流、以阿里金融服务中小电商、以阿里云支撑电商数据体系。欧浦钢网则以钢铁物流为主，以钢铁现货存量数据为基础构建电商平台，并通过欧浦小贷及合作金融机构为钢材贸易商提供配套金融服务。我们可以把这套概念应用到其他行业，譬如二手车电商（如人人车、优信二手车）等。

图 1-12 解释了二手车电商该如何复制阿里小贷的模式。

图1-12　二手车电商复制阿里小贷模式

①二手车卖家将车作为抵押物，从二手车电商平台获得一笔汽车抵押贷款，通常贷款价值比（Loan-To-Value，简称 LTV）约为 70%，也就是说贷款额度是评估值的七成，比如 100 万元的车约能贷到 70 万元。

②买家看车、付钱、取车。

③二手车电商平台从尾款扣除汽车抵押贷款的本息和交易的手续费，把剩下的钱归还卖家。

如果是押车的汽车质押贷款，交易手续费还包括车辆的停车费、保养费等。以互联网思维来看，不押车的汽车抵押贷款会更适合阿里小贷这种模式：客户把汽车相关手续押在放贷机构，汽车照常使用，但需要办理抵押登记，相应的 LTV 会低一点儿。如果汽车在质押处，虽有保险，但易损坏，折价较多。毕竟，车不像钢材那样标准化、易保存且价格波动区间有限。

4. 更多的创新模式

蚂蚁微贷是以支付为基础的贷款产品，下面分享国际上的两个创新案例。这也许会对蚂蚁微贷或其他小贷公司未来的产品研发有所启发。

案例一：赛捷（Sage）

欧洲一家强大的软件公司赛捷，早在 1989 年就已经在伦敦证券交易所上市。

赛捷专注于为中小企业提供软件和服务，涉及领域涵盖会计、企业资源计划（Enterprise Resource Planning，简称 EPR）、客户关系管理（Customer Relationship Management，简称 CRM）等。

在北美市场，它为超过 300 万中小企业客户提供支付方案。

除了电子支票、预付卡等次要业务外，赛捷提供的支付方案主要有两大块：支付整合管理及银行卡业务。

支付整合管理：主要是通过产品赛捷交易（Sage Exchange），让商户得以集中管理所有支付信息，对现金流一目了然。而且该产品也提供云端服务，商户可以接入不同设备，录入支付信息，重复录入的支付信息会被智能地自动清除。

银行卡业务：在线上，赛捷为中小企业客户提供银行卡和电子支票在线处理服务。

在移动端，赛捷提供类似拉卡拉的外接刷卡设备，在北美市场和斯威尔（Square）公司合作紧密。

在线下，赛捷也不甘人后，作为收单机构为商户提供POS（销售终端）设备。

银行卡业务为赛捷的贷款产品奠定了基础——积累了庞大的支付数据，赛捷对商户的现金流情况了如指掌。这和国内银联商务联合各大银行推出的POS贷款产品的思路类似。

赛捷的贷款产品流程如图1-13所示。

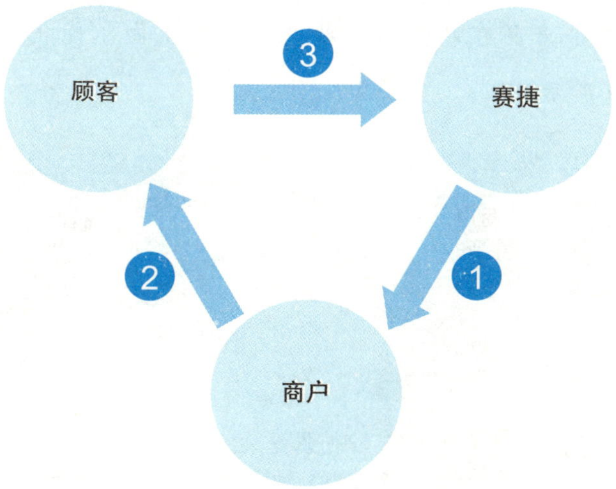

图1-13　赛捷的贷款产品流程

①商户通过赛捷为其顾客提供银行卡支付服务，将获取一笔贷款作为营运资金，赛捷无固定支付要求。

②商户向顾客提供产品或服务。

③顾客通过银行卡支付时，支付金额直接用于偿还贷款本金及利息。

商户拿到贷款后，赛捷并不规定特定的还款日期，而是在商户收到顾客款项的时候，款项会直接用于偿还贷款本金和利息。

这种模式和打折预售很像，适合流动资金较为紧缺的商户。

案例二：贝宝（PayPal）

2013年9月，国际支付巨头贝宝推出了产品营运资金（Working Capital）。

这个产品在赛捷的贷款产品基础上做了优化，如图1–14所示。

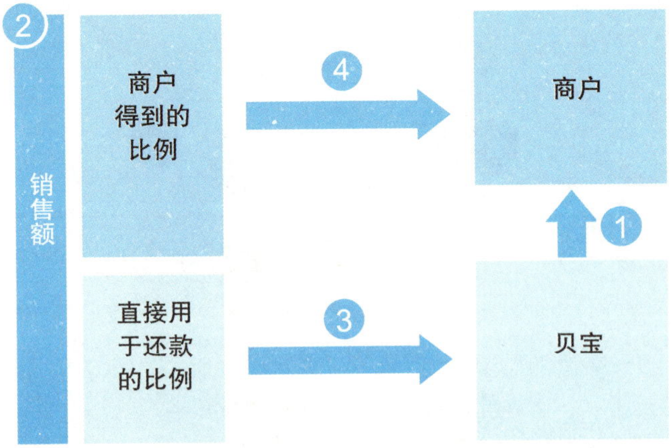

图1–14　贝宝的营运资金产品流程

①贝宝将贷款给予商户作为其营运资金。

②顾客购买商户的产品或服务，产生销售额。

③每日销售额中，将有固定比例自动用于贷款还款，还给贝宝。

④销售额剩下的部分将进入商户的贝宝账户。

商户可自主选择销售额扣款比例，目前有10%、12%、15%、20%、30%五档。

贝宝的贷款没有利息，仅收取一次性的手续费（这样在中国可以避免超过4倍基准利率的问题，因为还款时间不确定）。手续费由销售额扣款比例、贷款额、销售额决定。

销售额扣款比例越高，手续费越低。商户决定扣款比例后，不能更改。

贷款额由历史销售额决定，一般最大贷款额为过去12个月销售额的8%。

销售额如果较大较稳定，费率也会相对较低。

随着支付宝和微信支付的线下业务量爆发式增长，未来蚂蚁微贷是否会采取类似模式，我们拭目以待。

随着蚂蚁微贷的业务逐渐成熟，媒体的注意力也慢慢转向互联网金融的其他分支。然而，监管部门对小贷公司的创新尝试并没有因此停止——重庆、上海、海南、广东等地相继有了互联网小额贷款牌照试点。许多与支付场景相关的企业（如同程旅游、唯品会、众信旅游等）也接连拿到了互联网小贷牌照。

（二）互联网公司参股的民营银行

民间资本参股银行比例不小：截至2013年，股份制银行和城市商业银行总股本中，民间资本占比分别是45%和56%。此外，已有100多家中小银行的民间资本占比超过50%。

而民营银行的概念，在2013年才渐渐明确。

2013年7月，《国务院办公厅关于金融支持经济结构调整和转型升级的指导意见》（即“金十条”）提出“尝试由民间资本发起设立自担风险的民营银行”。

2013年9月，阿里巴巴、苏宁、美的、格力、腾讯、复星国际等一批民营企业纷纷对外透露有意角逐民营银行牌照。

2013年11月，党的十八届三中全会《中共中央关于全面深化改革若干重大问题的决定》提出“在加强监管的前提下，允许具备条件的民间资本依法发起设立中小型银行等金融机构”。

2014年3月，已经确定五家民营银行试点方案，每家试点银行有不少于两个发起方，一共有十家民营企业获许参与试点，其中阿里巴巴和腾讯这两家互联网巨头聚焦了无数媒体的目光。这五家民营银行的试点，将按照“成熟一家审批一家”的原则推进，即这些银行什么时候能够挂牌营业，还要靠自身努力。

民营银行将试点四种经营模式，分别是“小存小贷”“大存小贷”“公存公贷”和“特定区域存贷款”，如图1–15所示。

	发起地	发起方	描述
小存小贷	浙江	阿里巴巴 + 万向集团	存款额度有上限、贷款额度有上限
大存小贷	广东	腾讯 + 深圳百业源	接受一定限额以上的存款，发放小额贷款
公存公贷	天津	天津华北集团 + 麦购	只服务法人客户而不服务个人客户
特定区域存贷款	上海 浙江	上海均瑶 + 复星国际 正泰集团 + 华峰集团	服务自有区域内的客户

图1-15　首批试点民营银行初定的四种经营模式

阿里巴巴做小存小贷是符合其自身定位的：余额宝服务的大多是普通用户，截至2015年12月底，用户持有的平均余额约2 500元；阿里小贷服务的是中小电商，它提供的是现有金融服务的另一种形式。

2014年7月，三家试点银行向银监会递交了筹建申请，终于获得了同意批复。这三家试点银行分别是以腾讯、深圳百业源为主发起方的深圳前海微众银行，以正泰、华峰为主发起方的温州民商银行，以及以天津华北集团、麦购为主发起方的天津金城银行。其中腾讯"大存小贷"的定位似乎有所偏移，转为服务个人消费者和小微企业。

2015年1月4日，深圳前海微众银行发放第一笔贷款，该贷款无抵押、无担保，通过人脸识别技术和大数据信用评级进行发放，是网络银行依据互联网技术发放的第一笔贷款。

2015年8月15日，深圳前海微众银行轰轰烈烈地上线了App，虽然用户体验不错，但与其他金融产品同质化的问题严重——仍以分销基金、保险产品为主。其通过微信钱包分发的贷款类产品“微粒贷”数据不错：截至2016年10月初，累计放款超过1 500万笔，总额共计1 200多亿元。而且，深圳前海微众银行主打平台模式，新放贷款有约80%的资金由合作银行提供。

而阿里系的网商银行，除了开始尝试通过支付宝的“蚂蚁借呗”（“网商贷”）发放小额贷款外，也开始覆盖创业型中小网站、天猫商家、口碑商家、农户等。在网商银行的授信与风控上，相比腾讯的社交数据，阿里巴巴内部多年的数据积累（包括蚂蚁微贷搜集的行业与地区的坏账率、口碑平台的商户流水等）显然更加可靠。

三、金融机构与互联网公司合作开发

金融机构和互联网公司在股权层面进行合作、合资建立企业并获得金融牌照的案例，在国内目前较少见。蚂蚁金服、中国平安、腾讯合作的众安保险是一次很大胆的尝试。

众安保险主要在生活消费、消费金融、航旅、健康、车险五个核心生态系统提供产品及解决方案。截至2017年3月底，众安保险已有近200家生态系统合作伙伴。作为国内首家互联网保险公司，定位“服务互联网”，即所有业务都是通过互联网达成，线下没有网点。

2013 年 12 月首先推出的“众乐宝”是为淘宝卖家量身定制的产品：大部分淘宝卖家都需要淘宝提供的“消费者保障服务”，淘宝卖家需要缴纳至少 1 000 元的保证金。如果卖家花费保证金的 3%（以 1 000 元为例即为 30 元）买“众乐宝”，这 1 000 元保证金就可以用以进货，保险期限为 1 年。

根据保监会的数据，众安保险在 2016 年的保费收入达 34.08 亿元。结合中国平安的金融产品开发能力与蚂蚁金服、腾讯的互联网思维，未来众安保险定会推出更多创新型的风险保障解决方案，值得期待。

面对互联网企业的创新发展，金融机构也在奋力前行。但双方并不一定是竞争关系，也可以合作。通过合作，双方将彼此的优势结合，可以达到协同效应，共同把蛋糕做大。这种合作，不仅局限在股权上，也可以是战略上，甚至是简单地向对方取经。前文提到的民生银行在阿里巴巴的帮助下推出的直销银行，泰康人寿和淘宝合作推出针对淘宝卖家的保险“乐业保”，中信银行与百度合作发起申请直销银行百信银行，这些都是合作的典型。金融机构若要吸引购买力不断提高的数码一族，具备互联网公司的开放思维很重要。

不过，文化的差异，需要融和。在谷歌，员工可以穿着拖鞋、T 恤上班。在咨询公司为传统金融机构服务时，员工需要西装革履。

这两种截然不同的文化碰撞在一起，将会有怎样的产物？越来越多的传统金融机构开始改变思路，如渣打银行（中国）的电子银行部门，背着双肩包上班的员工更像是创业团队。他们除一部分来自汇丰银行，其他则来自各行各业——上海电视台、香港马会、网络游戏公司等。他们更重视客户体验，能够更好地从客户角度出发思考问题。

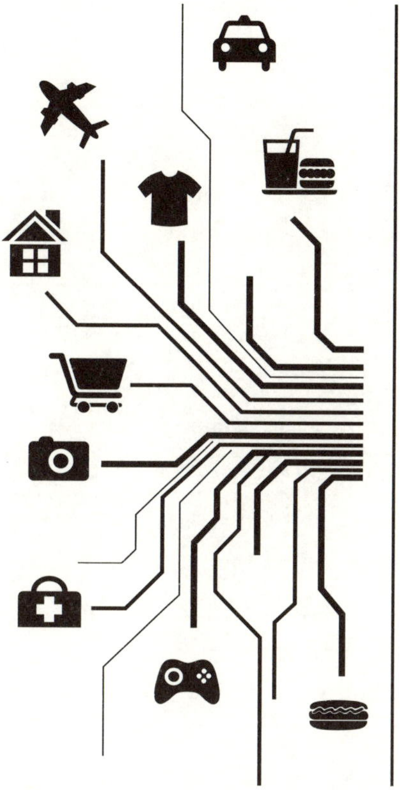

第二章

金融服务中介

金融服务中介在投融资业务中的位置如图 2–1 所示。

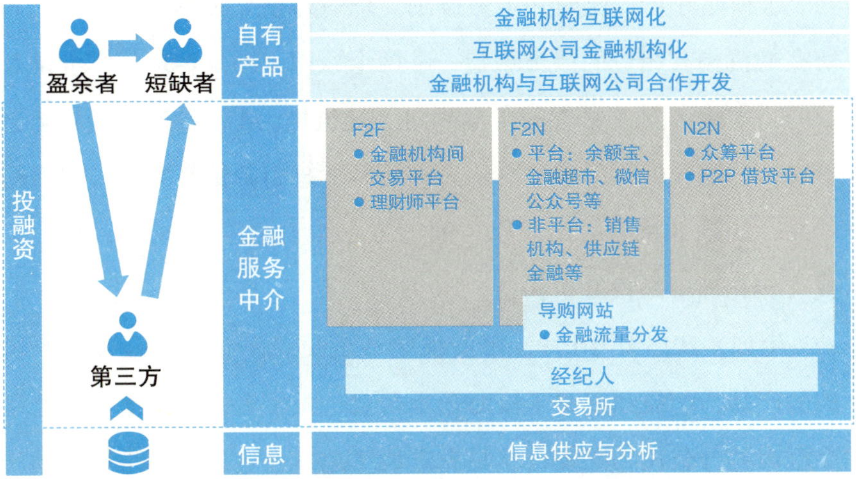

图2–1　金融服务中介在投融资业务中的位置

一、F2F

F2F 作为第三方连接金融机构或金融机构从业人员，目前大多由监管机构主导或以交易所（如陆金所的 F2F 业务 Lfex）的形式存在。因此，在这一部分，主要介绍的是理财师平台模式，代表平台有国外的利普乐金融（LPL Financial）。

理财师平台主要从事的是“飞单”业务的撮合。所谓“飞单”，指的是金融机构的客户经理或销售业务员（后文统称“理财师”）私下向自己所属机构的客户销售其他机构的产品。比如，A 银行的理财师将 B 机构的理财产品销售给 A 银行的客户，B 机构按销售额分佣金给A银行的理财师。

这种业务在行业内并不被鼓励。理财师接“飞单”被发现，其所在的机构有相应的严厉惩罚——两个原因：一是客户的资金是有限的，本应流向A银行的资金流向了B机构，A银行的业绩自然会下降；二是A银行的客户会认为A银行的理财师销售的是A银行的产品，如果B机构的产品出了问题（比如到期还不上钱），客户会找A银行而不是找B机构。

例如，2015年10月，平安保险业务员私下销售“金赛银”机构的产品，产品到期并未按时还本付息，投资者围堵了平安在北京金融街的分公司。平安自然是有苦说不出——这的确不是平安的产品，但销售产品的理财师确实是平安人寿的业务员。这种情况显然是监管机构不愿看到的。

若要避免类似的风险，投资者在被推荐产品时要多了解发行产品的机构，如果产品的发行方不是银行，该产品就很有可能是“飞单”。

然而，某些机构愿意支付的佣金确实具备一定的吸引力，所以，不少理财师会抱着侥幸心理，铤而走险。

行业里衍生了相应的商业模式——理财师平台。以前的理财师平台比较简单，即把各金融机构的理财师拉入一个QQ群，当金融机构有新的理财产品推出的时候就在群里发消息告知，让各理财师分头去销售，然后线下结算。响应了“互联网+”之后，理财师平台在互联网金融领域的商业模式，如图2-2所示。

目前的理财师平台大多针对服务高净值客户（High Net Worth Individual）

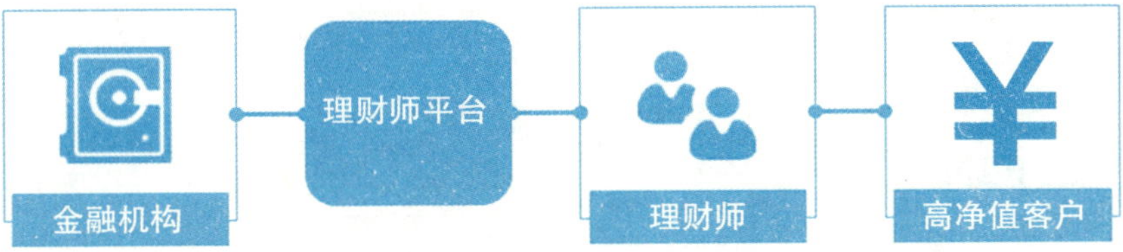

图2-2 理财师平台商业模式

的理财师。理财师平台从金融机构获取理财产品（一般是信托、私募基金、券商资管计划等针对高净值客户的门槛100万元起的产品）信息，挂在自己的网站或App上。理财师在理财师平台上下载理财产品信息、预约额度，然后推荐给自己的高净值客户，促成交易。金融机构把佣金分给理财师平台，理财师平台分成给理财师。

个人并不看好理财师平台模式在国内的发展。

首先，互联网技术并不能给理财师平台这种模式带来可观的附加值。

理财师平台上的理财师一般分为两类：

一种是从未做过“飞单”业务的理财师。这类理财师对“飞单”业务比较保守，仅靠互联网上的销售信息很难说服他们冒着被老板责备甚至解雇的风险，主动去接单。这时候，理财师平台上的销售人员需在线下沟通或者通过电话交流，才能说服这类理财师。

另一类则是已经做过“飞单”业务的理财师。这类理财师已经和多个理财师平台合作，要吸引他们只能实行红海战略——支付更高的佣金，但这种战略显然不能持续。

所以，对于这种商业模式，互联网技术并没有起到完善的作用。

其次，“飞单”业务存在前述的责任归属风险，监管层并不鼓励。

二、F2N

从金融机构的角度看，F2N 是一个分销渠道。所以，经常会有业内人士有“互联网金融没什么大不了，就是一个渠道而已，是媒体把它神化了”的言论。但显然，渠道只是互联网金融的一个作用，它远不止渠道这么简单。

在这一部分，我将具体说说有渠道作用的 F2N。

在将 B2C 的概念引入互联网金融的时候提到过，F2N 包括两种，一种是平台 F2N，一种是非自有品牌非平台 F2N（简称“非平台 F2N”）。自有品牌 F2N 指的是已详述的“自有产品”部分。B2C 电商与互联网金融 F2N 对比如图 2–3 所示。

			电商实例	互联网金融	互联网金融实例
B2C	自有品牌		• 凡客	• 自有产品	• 网上银行 • 阿里小贷 • 众安保险
	非自有品牌	平台	• 天猫 • 京东（转型后）	• 平台 F2N	• 余额宝 • 金融超市 • 微信公众号
		非平台	• 1 号店 • 京东（转型前）	• 非自有品牌非平台 F2N	• 慧择网 • 天天基金网 • 互联网供应链金融

图2–3　B2C电商与互联网金融F2N对比

平台 F2N 是一个在线的金融产品市场，金融机构可以进驻互联网平台并直接向客户销售金融产品，金融机构作为直接销售方。

对于非平台 F2N 来说，它自身并不生产产品，只是做代销工作，一般以收取金融产品生产商的佣金的方式获利。

（一）平台 F2N

平台 F2N 主要有余额宝类产品、金融超市、微信公众号等，以下将逐一阐述。

1. 余额宝类产品

余额宝为什么是平台 F2N 呢？

在回答这个问题之前，我们要理解余额宝的本质。

余额宝于 2013 年 6 月上线，1 个月资金管理规模破 100 亿元，9 月底破 556 亿元，11 月 14 日破 1 000 亿元，2013 年年底破 1 800 亿元，2014 年 1 月 15 日破 2 500 亿元，2 月 14 日破 4 000 亿元，6 月底超过 5 700 亿元……天弘基金由默默无闻的第 N 梯队一跃变成全国最大的基金公司。

这样的产品自然吸引大众的注意力，甚至有人说余额宝引领了互联网金融的潮流。

“余额宝的本质是货币基金。”这样的说法其实有失偏颇，余额宝产品结构如图 2–4 所示。

支付宝用户（包括卖家和买家）可以把钱转到支付宝，由支付

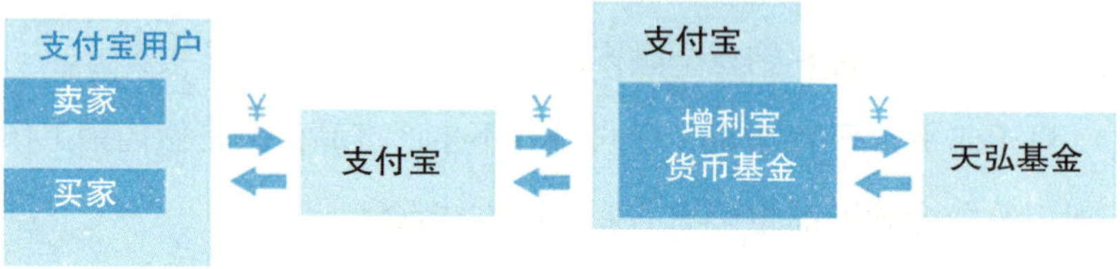

图2-4　余额宝产品结构

宝转入余额宝。简单地说，余额宝实质上是一个壳，里面嵌着天弘基金管理的一个叫作“增利宝”的货币基金。

所以，平台和非平台的主要区别在于谁是金融产品的销售方。平台 F2N 由金融机构直接销售，而非平台 F2N 则由非平台 F2N 自身直接销售。

第三方支付公司不能代销基金，所以名义上，这个货币基金是由天弘基金直销的。支付宝在整个链条上的角色只是支付工具。支付宝在 2011 年 5 月成功申请到的基金第三方支付牌照此时发挥了作用。支付宝除了是支付平台，还为天弘基金提供技术支持。这个技术支持主要体现在数据分析方面——通过大数据分析，支付宝可以深度挖掘用户的支付规律，从而帮助天弘基金降低其基金产品的流动性风险。当然，提供服务的支付宝会收取天弘基金可观的服务费。

支付宝把钱转入余额宝之后，这些钱就无法在银行享有利息，支付宝因此损失了利息收入。相应地，以此为代价，支付宝成功提高了用户黏性，而且合理规避了注册资本问题（支付机构的实缴货币资本与客户备付金日均余额的比例不得低于 10%）。

余额宝规模渐大，阿里巴巴意识到与天弘基金合作的风险。2013 年 10 月，阿里巴巴收购了天弘基金 51% 的股份。

（1）余额宝的优势和风险

余额宝有三个优势：灵活、方便、高回报。

灵活：由于支付宝需要实名认证，买货币基金时用户不必重新填写身份信息做进一步的认证和审核。再者，对比动辄 5 万元起投的银行理财产品，转入余额宝的初始资金没有金额限制，这对普通用户来说，门槛极低。

方便：余额宝账户里的资金可以直接用于网上购物、转账、充话费等，作为 T+0 的货币基金，可当日提现，其流动性极高。对于坐等工资的普通用户来说，这是一大吸引点。

高回报：余额宝在刚推出时，其 7 日年化收益率在 4% 左右，甚至 2014 年年初的一段时间在 7% 左右。虽然与其他货币基金相比，它的回报率并不高，而且 2014 年第二季度的收益率开始下滑，但投资者一般将活期存款利率与其相比，因此，余额宝的回报率就显得特别吸引人。

回报伴随风险。余额宝里的资金主要用于投资国债、银行协议存款等安全性高、收益稳定的有价证券，其实，信用风险很小。但是细想，会发现它的利率风险和流动性风险还是存在的。

利率风险：2013 年“钱荒”那段时间，受益于高涨的银行间市场利率，余额宝 7 日年化回报率一度超过 6%。随着银行间市场利率恢复正常，收益率也慢慢降了下来。如果余额宝的收益率真的大幅下滑——甚至和活期存款无异时，用户肯定会为自己的利益重新考虑并做出选择的。

流动性风险：虽然余额宝是 T+0 的基金，用户在赎回的时候理论上是由支付宝先行垫付的。如果天弘基金当天无法顺利交割，流动性就有问题。基于支付宝积累的多年大数据，这一风险也有很好的控制。

（2）余额宝是创新吗

很多人都说余额宝是创新，但又有一部分人说余额宝不是创新，而是在模仿贝宝。我个人觉得这要看如何定义创新。

在这里列举与余额宝相关的国内外实践：

20 世纪 70 年代：富达（Fidelity）基金在爱德华·约翰逊三世（Edward Johnson Ⅲ）的主导下推出了一种可以开支票的货币基金，货币基金第一次有了支付功能。

1999 年：贝宝推出货币基金，该基金由贝宝自己的资产管理公司通过连接基金的方式交给巴克莱（之后是贝莱德）的母账户管理。货币基金的支付功能开始以支票之外的方式实现。

2011 年 7 月：由于美国长期实行零利率政策，货币基金的业绩较差，贝宝只能被迫清盘。所以，投资人应注意防范利率风险。

2012 年 7 月：汇添富基金推出首只场内 T+0 货币基金。华安基金、广发基金分别推出具有电子商务支付功能及车贷、房贷还款功能的货币基金。至此，国内推出余额宝的环境已经成熟。

其实，余额宝到底创不创新并不重要，利于普通用户通过投资有所获利的产品，总会得到支持。

有支持自然会有反对，银行首先开始感到危机。国有四大银行在 2014 年 3 月先后都调低了支付宝快捷支付的额度，直接影响了购买余额宝的额度。那么，余额宝是否对银行造成了冲击？

（3）余额宝抢了银行客户吗

“余额宝抢了银行客户吗？”要回答这个问题，我们先要明白银行是如何做零售客户的客户分群的。一般用的维度是资产管理规模或年收入。现以零售做得较好的招商银行为例，如图 2-5 所示。

等级	普通卡	金卡	金葵花	私人银行
资产管理规模	5 万元以下	5 万元以上	50 万元以上	1 000 万元以上

图2-5　招商银行客户分群

普通客户用的是普通卡，去银行柜台办理业务时排队耗时较长。账户里有 5 万元，客户可以申请一张金卡，去银行柜台办理业务仍然需要排队，但费率有优惠，跨市跨行取款等，上海的客户是免费的。

有 50 万元的客户可以晋级为金葵花客户。去银行办理业务，可以直接进入金葵花理财中心办理，但仍需要排队。但除了金融服务以外，银行还提供高尔夫球预约、免费洗牙、尊享机场贵宾厅等服务。

再往上是 1 000 万元以上的私人银行客户，享有专业团队更为周到的服务。

然而，余额宝针对的是银行忽视的群体——普通客户。余额宝的人均持有量仅几千元——而根据中国证券投资基金业协会的调查，2012 年（余额宝推出之前）76% 的个人基金投资者持有基金量均在 5 万元以上。

要知道，普通客户给银行带来的价值几乎是负值。普通客户存的钱不多，并极力避开收费项目，信用卡极少拖欠，银行要为其存款支付利息，对于银行来说，他们并不是优质客户。针对这部分客户，银行会向其推荐网上银行和电话银行——这些渠道成本相对较低。

普通客户构成的客群一般被称作长尾，著名的“二八法则”在这里也得到了直接的体现：占所有客户 80% 的普通客户只贡献了 20% 的收入。阿里巴巴打算抓住这 20% 的收入。这和某些互联网巨头的思路类似：Google AdSense 抓住小网站的流量，腾讯早期专攻二三线城市。积少成多，普通客户聚集起来也可以产生很大的影响。于是，余额宝创造了所谓的奇迹。

看完供给方，我们再看需求方：在余额宝推出的时候，普通客户将钱存银行活期只能赚取微利，连通货膨胀的压力都抵御不住，想买 10% 左右收益率的信托产品，却被告知信托产品的门槛至少要 100 万元。因此，余额宝主打的高回报（其实也没多高）和高流动性成功吸引了普通客户。

供求对应，客户数量自然会多起来。

再回答“余额宝抢了银行客户吗”这个问题就简单了，普通客户是银行不重视的客群，“抢客户”这种论调显然不成立。

然而，余额宝定位的另一客群或许让金融家开始警觉——“懒人”客户的资金是余额宝的重要资金来源。若对金融知识不了解，有投资理财需求的人并不会花多少时间在研究投资上——中国人特别喜欢存钱，存款约占资产配置的一半。其中很大一部分原因是

"懒"。买基金要研究收益与风险，买股票要每天盯着，开户还要填一堆资料。私人银行客户可以委托专人管理，但有些闲钱的中产阶级，他们也没有多少时间与精力去研究投资。而余额宝，拥有支付宝账户的客户只要点几下，便可以成功买入基金。这可是所有客户都梦寐以求的——根据《南方周末》的一项调查报告，"快捷"是83.1%的受访者对互联网金融的主要关注点之一。

（4）银行存款减少了吗

前文说到余额宝有70%~90%的余额都投资到银行协议存款。此外，余额宝起替代作用的零售活期存款仅占总存款的15%左右，因此，余额宝对银行存款量的影响实际并不大。

（5）余额宝逼银行推高贷款成本吗

虽然余额宝把大部分的资金投向银行协议存款，对银行存款量并没有特别大的影响，但是银行承担的成本却比活期存款利率上升了几个百分点。有分析人士推断，银行会把这些升高的成本叠加到贷款业务上，贷款成本升高，企业的负担加重，年轻人买不起车、买不起房……然而，事实真是如此吗？

自2013年7月开始，贷款利率0.7倍基准利率的下限取消了，也就是说，贷款利率现在已经市场化了。因为90%以上的贷款都是执行基准以上的利率，所以，下限的取消当时并没有给整个市场造成很大的直接冲击。

贷款利率市场化，也就意味着贷款的成本将由两个因素决定——供给与需求。由于存贷比的限制，供给和存款量正相关。如果余额宝类产品没有大幅影响存款量，供给方也不会有很大的变化。至于需求方，除了单纯的融资需求因素，银行还要考虑信用风险，以决定是否向贷方放款。根据中国经济发展的大环境，整体融资需求的增速会慢下来，贷款需求也会降低。那么，最终利率下降而不是上升。

我们进一步来看，随着存款保险制度落地，存款利率也已市场化，将会有什么后果？一是存款由大银行转向小银行。小银行网点少，把钱存小银行的人并不多。所以，中小银行为了吸引储蓄会推出许多优惠活动，比如某些城商行甚至免收跨境取款手续费。利率市场化的情况下，中小银行为了吸引储蓄，将提高利率吸引资金。如果大银行不为所动，将有部分大银行的存款转向中小银行。二是银行总存款会增加。银行打价格战，在股市的资金有可能转向银行，毕竟，资金放在银行可以赚取利息。贷款的供给相应提高，贷款利率自然会下降。这会使银行的利差降下来，银行的利息收入减少。但是，余额宝并不是这一切的根源，银行惧怕的应该是利率市场化，而不是余额宝。

当然，实际状况会比理想状况下的经济模型复杂很多。比如P2P借贷平台和理财产品会分流部分零售存款，比如银行有可能降低放贷门槛，和小贷公司抢信用风险较高的客户，这些都会正向或负向地影响贷款利率。

2. 金融超市

金融超市作为平台F2N，银行、基金公司、保险公司可以入驻开店，由金融机构直接销售产品，提供服务。

（1）银　行

2012 年，光大银行在淘宝推出了“定存宝”产品，还在聚划算上做过活动。客户在淘宝购买“定存宝”产品即在光大银行开了户并存了一笔定期存款，1 年期及以内的存款享有基准利率的 1.1 倍利率，1 年期以上的存款则与基准利率持平（当时存款利率还没有市场化）。光大银行如此定价在于鼓励短期定存。

2012 年 7 月，交通银行在淘宝开设了第一个银行旗舰店，主要买卖贵金属（黄金、白银等）、保险产品，客户也可以预约购买基金及申请贷款。

现在回顾上述产品，我们会发现银行只是浅尝辄止，仅把淘宝作为单纯的一个接触点，热点过后，并没有持续重视及投入。这也无可奈何——现有客户习惯通过网银或网点完成交易。想要吸引他行客户，产品无过人之处是很难的。所以，已有尝试没有给银行的固有业务模式带来多大冲击。

（2）基金公司

根据艾瑞咨询的一份报告，通过线上渠道购买基金的“基民”占七成，这些渠道包括基金公司官网直销、网上银行或券商交易软件等。中国证券投资基金业协会也在一份报告中说明，2012 年有七成个人基金投资者都是通过互联网了解基金信息的。那么，类似淘宝基金超市的平台 F2N 的发展如何呢？

虽然证监会早在 2013 年 3 月就出台了《证券投资基金销售机构

通过第三方电子商务平台开展业务管理暂行规定》，但淘宝基金超市在 2013 年 10 月才拿到基金销售牌照，2013 年 11 月 1 日才正式上线。随着互联网金融的发展，与淘宝合作的基金公司慢慢增多，现已超过 30 家。2014 年 2 月，京东成为继淘宝后第二家拿到基金销售牌照的第三方电子商务平台。同年 9 月，百度也紧跟其后，获得了基金销售牌照。

淘宝销售的基金，大多有不同程度的赠送集分宝活动。集分宝是淘宝推出的虚拟货币，可以用以抵扣现金。根据《证券投资基金销售管理办法》的有关规定，基金销售机构不得采取抽奖、回扣或者送实物、保险、基金份额等方式销售基金。而赠送集分宝的营销方式——收藏店铺送集分宝、体验并评价交易流程送集分宝、晒收益送集分宝等，并不是和直接销售基金的行为有关。

基金公司进驻淘宝，是希望可以复制余额宝的“千亿神话”。但现实是：在 2013 年“双 11”的强推下，易方达基金作为最大赢家也仅成交 1.18 亿元，而其他基金公司在当天的销售额加起来不足 2 000 万元。淘宝基金超市推出一个月后的数据显示，月销售额也仅有 4.3 亿元，成交量 9 万多笔，部分产品的成交量为 0。为什么余额宝的“奇迹”在淘宝基金超市不能被复制呢？

除了门槛低导致单价低之外（按照 4.3 亿元 9 万笔的交易量，单笔交易金额不到 5 000 元），更重要的原因在于投资者教育的投入力度不够以及投资者的风险承受能力较弱。

余额宝通过简单快捷的客户体验吸引到的大部分是理财知识较

为缺乏的客户，他们与传统基金购买者不同。余额宝背后的天弘基金增利宝的回报率并不是货币基金里最出众的。客户之所以申购余额宝，更多是因为不需要选。对于有选择恐惧症的人来说，只有一个选项就简单多了。余额宝对于投资者教育的投入是告诉他们余额宝是货币基金、7日年化收益率是多少、风险不是很大，这样让投资者清楚明白就可以了。

在淘宝基金超市，基金的种类并不少，大部分投资者不知道如何选择甚至懒得选择。淘宝没有像第三方基金销售机构（如天天基金网、好买基金网等，后文将进一步介绍）那样，提供基金比较分析服务。此外，如前所述，各基金的营销手段层出不穷，作为小额投资，消费者也会把这些小利考虑进来，这些信息进一步加重了投资者做决策的负担。

货币基金和债券基金的风险相对较小，但股票型基金有可能一亏就是好几十个百分点，淘宝上普通客户聚集，他们资金不多，承受风险的能力很弱，基金公司很难说服他们去购买高风险的基金产品。

三个原因叠加起来，便不难理解淘宝基金超市的销量平平了。怎样才能在基金超市里突破重围呢？

单价低这个弱点没法改变，只能通过提高销量和降低成本来解决。在互联网上卖基金本来成本就不高，因此，只能尽量提高销量。基金公司能做的主要是加强投资者教育和重点营销低风险、标准化程度高的产品，淘宝基金超市最佳实践如图 2–6 所示。

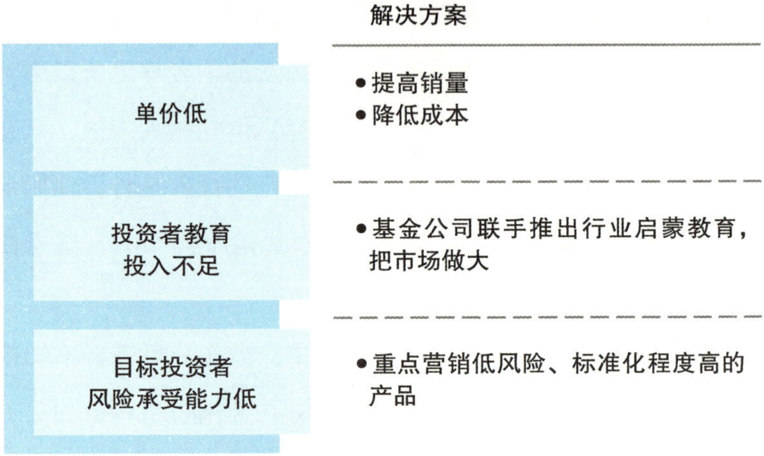

图2-6　淘宝基金超市最佳实践

在加强投资者教育层面，基金公司可以联合起来做行业启蒙教育。从1993年到2014年，美国加利福尼亚州牛奶加工委员会（California Milk Processor Board）发起了名为“Got Milk”的广告运动，鼓励美国人多喝牛奶。该广告运动邀请娱乐界、体育界的明星拍摄“长了牛奶胡子”的照片，向大众宣传喝牛奶的好处。到后来，甚至可以用“是不是拍过Got Milk”广告来判断一个明星在青少年中是否有足够的知名度。类似地，基金公司可以组团多开设基金教育课程，在不同的媒体播放，一起把行业市场做大。

除了加强投资者教育外，基金公司在淘宝营销的时候，也要重点营销适合淘宝客户的产品——低风险、标准化程度高的产品。比如余额宝，它简单易懂，投资者不需要深入研究，风险很小，这些都是其成功吸引大量资金的前提。

2016年5月，淘宝基金的申购功能关闭。用户被导流至蚂蚁金服旗下的另一款移动App——蚂蚁聚宝（后改名为“蚂蚁财富”）。

（3）保险公司

2013年“双11”，截至当晚12点，淘宝理财频道5.55亿元（包括基金和保险）的销售额中，霸主国华人寿一举拿下3.18亿元，生命人寿当天限量发售的1亿元理财产品也售罄。保险超市的交易量比基金超市多出不少。淘宝官方透露，截至2013年8月，上线满3年的淘宝保险频道保险交易超过10亿笔。截至2016年12月底，共有20家产险公司、33家寿险公司和9家保险代理经纪公司入驻淘宝保险。

京东、苏宁也追随淘宝的脚步建立保险频道。苏宁在2014年2月拿下了保险代理牌照，向非平台F2N（后文将详述该模式）转型。

3. 微信公众号

微信是中国目前最大的移动通信App，是腾讯旗下的王牌应用。2015年，微信和WeChat合并，月活跃用户达到6.97亿人。据媒体报道，微信公众号的数量达到上千万，各金融机构与微信展开合作，纷纷开设自己的公众号。目前的微信公众号分为服务号和订阅号。订阅号作为内容提供商，主要提供内容，会被折叠起来，每天主动向用户发一条信息（部分订阅号获得的权限比较大，可以发送多条）；服务号（比如银行的信用卡公众号）主要为提供服务而存在，每个月只可以主动向用户发送四条信息。

金融机构开设微信公众号，和微博活跃度较高的时候开设微博账号是类似的做法：希望多一个渠道为现有客户提供信息推送和服务。作为电子渠道，微信公众号的维护成本较低，直接营销的投资回报率并不低，而客制化的服务会得到客户较高的满意度。

以招商银行的公众号为例，在绑定银行卡之后，客户可以通过微信公众号的网址推送功能进入招商银行的网站，进行余额、信用卡账单、网点位置查询，还可以购买理财产品甚至办理转账等业务。银行的信用卡公众号，会在客户消费的时候推送消费信息。此外，部分公众号还支持与人工客服直接对话，非常方便。

2013 年 8 月 7 日，微信在 5.0 版本中推出微信支付，用户黏性进一步增强。微信支付的使用场景覆盖公众号订阅、腾讯增值服务（如表情购买、Q 币充值、会员购买）、理财（理财通、小赢理财、桔子理财等）、O2O 支付（online to offline，线上到线下）（线下扫码支付、大众点评闪惠支付）、电商平台支付（与京东等合作）、P2P 支付［微信红包、按人头平均分担账单（Algebraic Average，简称 AA）支付］等。

金融机构的微信公众号也有电商功能——金融机构可以进行金融产品的直接销售。泰康人寿推出的“微互助”便是借助微信支付实现购买的。

华夏基金在微信支付推出之前的 2013 年 8 月 1 日首开微信交易渠道，正式推出“微理财”产品。在华夏基金的基础上，易方达也在微信上推出了“易方达微理财”服务号，实现了微信的直接申赎交易。

微信的用户黏度很强，大部分用户每天都会多次查收微信信息，公众号的关注只需要几秒钟的时间，但金融机构想要吸引客户却没有那么容易。一般金融机构是在其他渠道（如机构官方网站、线下渠道等）宣传微信公众号，所以，一开始的关注者大多是现有客户。但当微信的电商功能渐渐完善之后，金融机构希望可以拓宽微信公众号的受众，把非现有客户转化为收入来源，于是，层出不穷的营销活动开始了。强推的促销信息不经任何客制化，同一个信息推送给所有用户，虽然成本不高，但效果很差。客户分享到朋友圈倒是一个较好的自我筛选的步骤，所谓“物以类聚，人以群分”，分享了促销信息的客户的朋友自然也更有可能去分享，这种促销方法在一定程度上达到了接触非现有客户的效果。但是，消费者已不是一点儿蝇头小利就可以打动的，关注对客户来说虽然没有成本，可是取消关注也容易。如果公众号并不能真正为客户提供价值，客户还是会毫不犹豫地取消关注的。

除了上述几种平台F2N，还有一个比较特别的市场——典当行平台。目前国内市场上有一个典型的案例——淘当铺。淘当铺与线下典当行合作，将典当行价值链上的两个环节——贷款项目获取及绝当品销售放到线上。淘当铺的客户可以在线上直接购买典当行放出的绝当品，也可以申请抵押或质押贷款。

典当行目前大多以单元店的形式经营，但不能跨省经营。虽然在省内可以设分支机构，但资金和时间成本较高，相对来说，线上渠道是不错的选择。但截至 2016 年年底，全国典当余额仅有 957.3 亿元，较往年有所下滑。这一方面是典当行放贷费率高企（年化费率可达 40%~50%，一般只用于过桥类的短期周转），另一方面是中小企业的融资渠道越来越多，例如小贷公司、P2P 借款平台等。

（二）非平台 F2N

由于监管和产品特性，适合在网上直接销售的金融产品并不多。非平台 F2N 销售的金融产品以基金产品和保险产品为主。部分第三方平台开始销售门槛较高的信托产品和券商集合理财等产品，也是以“网上预约、线下销售”的模式为主，并不能在线上直接达成交易。除了基金和保险外，贷款类产品也通过不同形式销售，如电商平台的供应链金融。

1. 独立基金销售机构

非平台 F2N 想销售基金产品，必须从证监会获得基金销售机构的牌照。2012 年 2 月，首批四家独立基金销售机构获得牌照，分别是诺亚正行（上海）基金销售投资顾问有限公司（简称“诺亚正行”）、深圳众禄基金销售有限公司、东方财务信息服务有限公司以及上海好买基金销售有限公司。诺亚正行主要是为了满足诺亚财富的高净值客户的基金购买需求而成立的。而后三者则借助基金筛选工具等发展成为国内领先的独立基金网销机构。截至 2016 年 9 月，一共有 107 家第三方独立基金销售机构获得牌照。

淘宝基金超市略为惨淡，同样地，非平台 F2N 的基金销售额也并不可观。据中国证券投资基金业协会的调查，2014 年由第三方独立基金销售机构售予个人基金投资者的公募基金比例仅占 6%，其中，由淘宝、百度等基金超市（平台 F2N）销售的比例占 11%，而基金公司直销、银行销售和券商销售的比例分别占 34%、35% 和 14%。

然而，占销售大头的银行和基金直销机构，把很多资源都投放在主推首发基金产品上，这两个渠道大多以首发基金的销量作为关键绩效指标（Key Performance Indicator，简称 KPI），而非以客户需求为导向。对比之下，第三方独立基金销售机构以客户为导向，更加客观、专业。

从客户利益出发的第三方独立基金销售机构，目前有三个特点：提供基金筛选工具、提供多元化的产品、共享牌照。

（1）提供基金筛选工具

第三方独立基金销售机构的第一个特点是提供基金筛选工具，为投资者选取最适合的基金产品，帮助投资者做出合理的投资决策。

成立于 2007 年的好买基金网以基金研究为基础发展起来，是中国最早的独立第三方基金分析平台，在基金产品数据库方面有一定积累。成立于 2006 年的数米基金网也是以基金数据统计及分析起家。天天基金网是著名上市财经门户东方财富网旗下的基金平台，在数据方面的能力不容小觑。

相关机构在提供基金筛选工具方面，除了提供基金研究、基金数据分析等服务外，也开始根据客户的个人信息帮助客户进行基金筛选。我们将这种模式称为“机器人理财顾问”（robot-advisor）。

机器人理财顾问模式在美国有比较成熟的案例，比如贝特蒙特（Betterment）和财富前沿（Wealthfront）。当客户进入其网站或App后，第一步是输入自己想要投资的金额、投资目标、风险偏好等个人信息，网站根据相应的算法为客户配置最适合的投资组合，客户再进行注册，完成投资。机器人理财顾问模式如图2-7所示。

图2-7　机器人理财顾问模式

虽然机器人理财顾问这个概念易于理解，但在中国落地却困难重重，主要有两个原因：

第一，美国的贝特蒙特或财富前沿之所以会有好的发展，是因为它们的算法都是基于经典的投资组合理论，会被较多客户认可。而中国的理论界没有一个公认的模型，每一个基金分析师或理财顾问在配置基金的时候都是运用自己的经验值模型，而这些模型良莠不齐，很难说服客户，所以，智能配置的结果很难让客户信服。

第二，国内的资产端产品有限，配置出的投资组合同质化严重。所以，目前主打“机器人理财顾问”概念的机构大部分还是以配置海外资产为主，如弥财、财鲸等。

因此，短期来看，机器人理财顾问模式在中国难以快速复制美国贝特蒙特和财富前沿的成功。

（2）提供多元化的产品

第三方独立基金销售机构的第二个特点是提供多元化的产品，这些机构正逐渐往第三方理财机构发展。

在余额宝等基金推出前，基金投资者有八成左右是 30 岁以上，其中大部分投资者的投资规模都超过 5 万元。根据这一数据，第三方独立基金销售机构除了销售基金外，也不断往高端产品——销售门槛 100 万元起的信托或类信托产品方向努力，同时推出了投资顾问等服务。

第三方理财机构的领头羊是诺亚正行的母公司诺亚财富，诺亚财富已经在纽约证券交易所上市，短期内上述独立基金销售机构很难撼动诺亚财富的地位。

根据业内人士透露，第三方独立基金销售机构销售的产品是以非公募基金产品为主，比如基金专户子公司产品、信托产品、私募基金等。由于公募基金管理费、销售服务费、申赎费透明，即使压低基金公司方面费用，第三方独立基金销售机构还是很难赚到钱。而基本量上不去（2014 年第三方独立基金销售机构的销售额仅占所有基金销售额的 6%），独立基金销售机构仅靠销售公募基金，无法支撑庞大的销售队伍。

销售公募基金需要基金销售牌照，销售保险需要保险代理或经纪牌照，成立类似诺亚财富这种第三方理财机构是不需要任何牌照的。如果要同时销售基金和保险产品，需要两种牌照。

销售信托产品比较复杂：根据《信托公司集合资金信托计划管理办法》规定，信托公司在推介信托计划时，不得公开营销宣传，不得委托非金融机构进行推介。而第三方理财机构只需在工商局登记注册，并不属于“金融机构”。所以，信托公司大多会以“财务公司”的名义下设“小公司”，专门与第三方理财机构合作。除了信托、阳光私募基金（本质也是信托）外，第三方理财机构也在进一步挖掘私募股权基金（Private Equity，简称 PE）、私募基金母基金（Private Equity Fund of Funds，简称 PE FOF）、保险、债券等产品的潜能。2014 年 5 月，第三方理财机构代销信托被叫停。

多元化的产品在往高端方向发展的同时，第三方独立基金销售机构倾慕“余额宝”的巨大收益，开始营销类似余额宝的 T+0 货币基金，希望在普通客户市场分一杯羹，比如“众禄基金”推出了“现金宝”，对接多个货币基金产品。

（3）共享牌照

第三方独立基金销售机构的最后一个特点是共享牌照。因为基金销售一直都是互联网金融创业的风口之一，所以有不少初创公司会挤进这个赛道。而独立基金销售机构的牌照对于初创公司而言有一定的门槛，在没有获得牌照之前，这些初创公司会选择与已有牌照的机构通过 H5（HTML5，即对超文本标记语言的第五次修改）跳转或应用程序编程接口（Application Programming Interface，简称 API）接入的方式进行合作，并与之分成。比如，理财魔方借用的是好买基金网的牌照；挖财则借用众禄基金的牌照。

当然，有牌照需求的也不仅是初创公司，不熟悉金融行业的互联网巨头也常通过相同的模式与独立基金销售机构合作，比如腾讯理财超市，它借用的也是好买基金网的牌照。

最后用图总结第三方独立基金销售机构的三个特点，如图 2–8 所示。

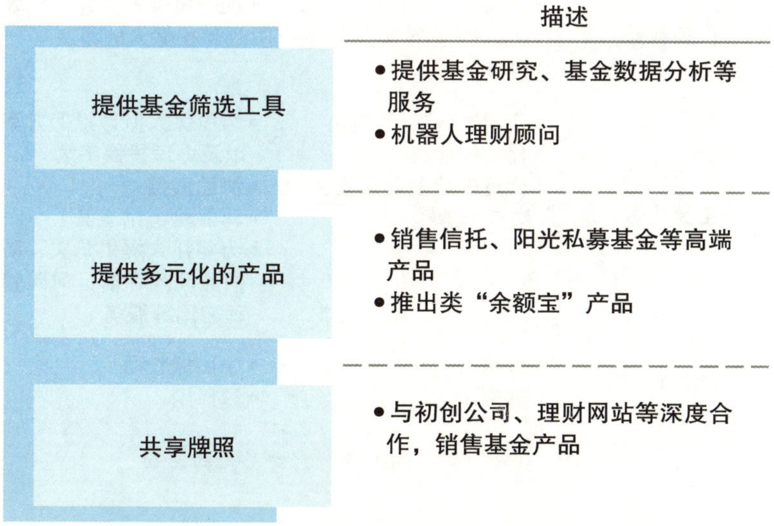

图2–8　第三方独立基金销售机构的三个特点

2. 保险代理公司与保险经纪公司

保监会在 2011 年发布了《保险代理、经纪公司互联网保险业务监管办法（试行）》，以此为标志，开始对互联网保险进行监管。时隔 3 年，2014 年 12 月，保监会起草了《互联网保险业务监管暂行办法（征求意见稿）》（以下简称《暂行办法》），向各界征求意见。2015 年 7 月，该《暂行办法》才正式被保监会下发。

在现有的监管框架下，保险非平台 F2N 有两种模式——保险代理（insurance agent）公司与保险经纪（insurance broker）公司。保险代理公司与保险经纪公司的区别如图 2–9 所示。

	保险代理公司	保险经纪公司
代表利益	• 为保险公司代理业务，代表的是保险公司的利益	• 接受投保人委托，代表的是投保人的利益
主要业务	• 代理销售保险产品 • 代收保险费 • 代理保险业务的损失勘查和理赔	• 为投保人拟订投保方案以及办理投保手续 • 协助索赔 • 再保险经纪业务 • 为委托人提供防灾、防损或风险评估、风险管理咨询等服务
互联网代表	• 保网 • 苏宁	• 中民保险网 • 慧择网

图2–9　保险代理公司与保险经纪公司的区别

保险代理公司与保险经纪公司都属于保险中介，连接保险公司与投保人。它们最基本的不同点在于代表的利益：保险代理公司为保险公司代理业务，代表的是保险公司的利益；保险经纪公司接受投保人委托，代表的是投保人的利益。在主要业务方面，保险经纪公司除了销售保险并协助理赔外，还可以经营再保险经纪业务，以及为委托人提供防灾、防损或风险评估、风险管理等咨询服务。

在实际操作中，国内市场的保险代理公司与保险经纪公司并没有明显的区别。很多高端理财规划师虽然名义上代表投保人的利益，实际上只有代理牌照。在海外市场，这两种类型区别会大一点儿。

要补充的是，与基金非平台 F2N 类似，许多互联网保险创业公司甚至大型的互联网公司也处于“无照经营”阶段，只能与拥有保险代理牌照或保险经纪牌照的公司合作，借用对方的牌照。当然，也有一些融资进展顺利的互联网保险创业公司，通过收购的方式获得牌照。

互联网保险创业公司在拥有牌照后，要解决的是如何起量的问题。

以前，人们对“保险”确实存在抵触情绪，但近年来，随着媒体的关注点转到“P2P 理财”上，大家对保险似乎宽容了许多。然而，对保险产品的宽容还是有个大前提——知名品牌的“背书”。加之购买保险本身是低频行为，客户如果不是被提醒，很难主动购买保险。即使主动购买，会想到的是知名品牌，去保险公司购买。所以，保险非平台 F2N 针对个人客户的产品很难起量。

因此，留给针对个人客户的保险公司只有三条路：要么通过与第三方合作嵌入场景，要么提供创新有趣的获客产品，要么提供优质的服务。

先说说通过合作嵌入场景。“场景化金融”不算是新鲜的概念了。无论是购买理财产品，还是购买保险产品，这些都是相对低频的行为。所以，嵌入各种相对高频的场景才是明智之选——我们可以通过消费、交通出行等高频行为拉动低频购买保险的行为。比如“悟空保”和“小牛电动车”合作推出了组合型产品“牛油保”，这个产品包括驾驶人意外伤害保险、第三者责任保险以及电动车整车盗抢损失保险三款保险产品。而另一个市场参与者“大特保”与智能糖尿病管理平台“大糖医”合作推出了糖尿病保险服务“大糖保”，也是较好的案例。

选择这个方向的公司一般高度依赖商务拓展能力，才有可能在短期内获得大量客户。除此之外，一些机构依靠产品定制能力，得到了投资机构的青睐，比如滴滴出行天使投资人投资的“天气宝”项目。“天气宝”依赖自身多年积累的遥感分析技术（其前身为农情检测系统“禾讯科技”），可以综合设计以天气情况为基础的保险产品。比如，“天气宝”与旅游网站合作了一个产品，投保人出国旅游，如果遭遇了连续三天大雨的情况，影响旅行计划，“天气宝”会对投保人进行赔偿。

保险公司提供创新有趣的获客产品也是一条出路。类似营销类保险，不少保险非平台 F2N 在产品设计上试图吸引客户。比如意时网旗下的“保险黑板擦”就接连推出了许多好玩的产品：“痘痘乐”的投保人如果长了痘痘，每颗赔 10 元。“失眠乐”的投保人如果在凌晨 0 点到 2 点间在评论栏互动可以获得 5~10 元的补偿。“保险黑板擦”通过这些好玩有趣的免费保险产品吸引流量，获取客户信息，再销售赚钱的产品。同样思路的“小雨伞保险”曾推出“动力宝”产品，每天保费 1 元钱，如果客户当天因跑步造成扭伤等意外伤害，可获得 1 000 元赔付。如果客户使用微信运动计步每天走路超过 6 000 步，还可以获得相应奖励，6 000 步对应奖励 6 角，1 万步则奖励 1 元（相当于免费获得了意外保险），如果客户每天坚持步行超过 1 万步，还可以赚钱。

如果产品同质化严重，保险公司提供优质的服务也是不错的选择。比如，不少保险非平台 F2N 会不同程度介入理赔流程。

有的市场参与者仅提供代理索赔业务：告知保险受益人要准备哪些材料，代理客户向保险公司提出索赔，实时跟进理赔过程并提供必要的法律援助。

有的市场参与者则更进一步：慧择网提供超时赔款代付服务，当客户在索赔过程中，保险公司要求的各种索赔证明资料都已齐全且已经向保险公司提出了正式索赔申请后，保险公司认定属于保险责任且与被保险人或受益人达成赔偿或给付保险金的协议，60 天之后还未得到保险公司的赔付，客户可以先从慧择网领取赔款，且签发权益转让书，慧择网向保险公司索赔，待保险公司理赔之后，再对赔款实行多退少补。

当然，保险公司要兼顾企业客户，尤其要专注创业公司。中小微企业，特别是互联网创业公司，是保险非平台 F2N 的重点服务对象。比如，“保险极客”定位为“互联网员工福利专家”，以互联网中小微企业为主要服务对象，推出意外险、疾病险等团体保险。

另外，保险公司有可能的发展方向是 51 社保、薪人薪事等创新型人力资源管理服务提供商，其切入互联网创业公司团体保险业务仅是时间问题。

总结保险非平台 F2N 的最佳实践，如图 2–10 所示。

		描述	案例
个人保险	通过合作嵌入场景	• 依靠商务拓展能力或产品定制能力与第三方机构合作，在高频场景中嵌入保险产品	天气宝 大特保
个人保险	提供创新有趣的获客产品	• 用低价甚至免费的创新产品吸引流量，获取客户信息，再销售赚钱的产品	保险黑板擦 小雨伞保险
个人保险	提供优质的服务	• 在产品销售基础上提供优质客户体验，比如深度介入理赔流程	慧择网
团险	专注创业公司	• 主打销售团体保险 • 可考虑从软件即服务（Software As A Service，简称 SAAS）业务切入	保险极客

图2–10　保险非平台F2N的最佳实践

3. 互联网供应链金融

互联网供应链金融并不是新概念，主要是电商平台与第三方支付公司在参与。前文已述，阿里巴巴在 2007 年曾经与工商银行、建设银行合作，为其电商平台上的中小电商提供贷款服务。敦煌网则在 2010 年起和建设银行合作，为平台电商提供“e 保通”产品。京东在 2012 年开始和多家银行合作布局线上供应链金融。而欧浦钢网也和银行合作提供仓单质押融资服务。

在传统的供应链金融模型中，银行把核心企业和上下游企业联系在一起，对其供应链上的企业授信。核心企业在整个融资过程中起担保作用。这个模式之所以行之有效，主要是因为除了核心企业外的其他供应链参与者大多是中小企业，较难从银行直接获得较优惠的利率，甚至不能拿到贷款。而有些行业的账期长达数月，对中小企业来说，资金流动性的挑战较大。以京东为例，京东的自营部分对供应商的账期是40~50天。对于利润较低的卖家来说，早一天拿到钱就可以早一天进新货，一年可以多赚几个百分点，所以应收类融资，支付利息，他们是愿意接受的。

供应链一般包括物流、商流、信息流、资金流四个流程。互联网供应链金融的市场参与者通过渗透不同的流程向中小企业销售不同类型的贷款。以下是互联网供应链金融实例，如图2-11所示。

	代表商家	代表产品
物流	• 欧浦钢网	• 仓单质押融资
商流	• 京东自营	• 应收账款融资
信息流	• 易贝	• 信用贷款
资金流	• 快钱	• 应收账款融资

图2-11　互联网供应链金融实例

物流：欧浦钢网依托资深的物流仓储系统，与十多家银行及担保公司开展合作。中小钢材贸易商只需将货物存入欧浦指定的仓库，经银行授信，凭仓单即可向银行申请贷款，或向担保公司申请贷款担保。

商流：京东依托自己的信用与规模，作为供应链中的核心企业，帮助供应商从银行获得贷款。供应商可以把京东拖欠的应收账款作为抵押，从银行获取应收账款融资服务。

信息流：易贝和平安银行达成战略合作，联手推出“贷贷平安商务卡”，为易贝卖家提供无抵押无担保的信用贷款。易贝通过为平安银行提供历史交易记录，帮助平安银行分析信用风险以确定融资额度及周期。

资金流：获得《欧洲金融》颁发的“陶朱奖最佳供应链金融奖”的快钱与行业龙头（供应链中的核心企业）展开合作。以与联想的合作为例——快钱整合上万家经销商的电子收付款、应收应付账款等资金流信息，以供应链上下游真实交易背景作为融资的基本条件，形成一套流动资金管理解决方案，打包给银行，银行以应收账款作为基础，批量为上下游的中小企业提供授信（其实是银行的反向保理业务）。

这些公司把握了供应链中中小企业的融资需求，实质上是与银行合作，向有需要的中小企业销售融资产品。

三、N2N（众筹与 P2P 借贷）

N2N 对接的是个人投资者或非金融机构。

众筹平台是 N2N 的典型，与它同属性的还有 P2P 借贷平台。其实，P2P 借贷平台是广义众筹平台的一种。

（一）众筹平台

国际上已有对众筹平台的研究。参照 Massolution 的一份报告，众筹平台可以分为四类：

债权众筹（lending-based crowd-funding）：投资者对项目或公司进行投资，获得其一定比例的债权，未来获取利息收益并收回本金。

股权众筹（equity-based crowd-funding）：投资者对项目或公司进行投资，获得其一定比例的股权。

回报众筹（reward-based crowd-funding）：投资者对项目或公司进行投资，获得产品或服务。

捐赠众筹（donate-based crowd-funding）：投资者对项目或公司进行无偿捐赠。

一般众筹平台对每个募集项目都会设定一个筹款目标，如果未达到目标，钱款将打回投资者账户，有的平台支持超额募集。

图 2–12 所示是众筹平台的四种模式。

债权众筹	拍拍贷	人人贷	小赢理财
股权众筹	天使汇	原始会	大家投
回报众筹	追梦筹	众筹网	京东众筹
捐赠众筹	微公益	Trevolta	Tilt

图2–12　众筹平台的四种模式

1. 债权众筹

我们不难发现，债权众筹是多位投资者对 P2P 借贷平台上的项目进行投资，按投资比例获得债权，未来获取利息收益并收回本金的模式。P2P 借贷平台范围较大，一般不包括在大众谈论的狭义众筹之中，后面的章节将对其单独展开叙述。

2. 股权众筹

股权众筹并不是新鲜事物——投资者在首次公开募股（Initial Public Offering，简称 IPO）的时候申购股票，就是股权众筹的一种表现方式。在互联网金融领域，股权众筹特指通过网络较早期的私募股权投资，主要针对互联网创业公司以及实体店铺两类创业项目。合格的投资者可以通过股权众筹平台投资这些项目，获得创业项目的股权，成为创业项目的股东。

针对互联网创业公司的股权众筹平台，其性质类似于华兴阿尔法（Alpha）、以太资本等针对早期互联网项目的财务顾问（Financial Advisor，简称 FA），主要负责天使投资人与创业项目的对接。这类机构的代表有天使汇、36 氪股权众筹等。

这类股权众筹机构准入门槛较高，主要有两个原因：

一是此类机构对人才要求比较高。股权众筹机构需要有广阔的人脉（要组建自己的财务顾问团队），才可以把天使投资人、风险投资家聚集到其平台上；才有可能对项目做初步的尽职调查。此类网站还需要有熟悉风险投资相关法律的法务团队（也有部分机构选择外包）

和投后管理团队，才能协助投资者成立合伙企业及投后管理团队。这些人才成本较高，初创公司很难仅用金钱从大机构挖到优秀人才。

不少此类股权众筹机构由创业服务提供商起步，由于主营业务聚集了天使投资人和互联网创业项目资源，以此为基础建立股权众筹平台便水到渠成，比如科技博客 36 氪旗下的“36 氪股权众筹”、依托《创业家》杂志成立的“牛投网”。

二是此类机构的马太效应，即强者愈强、弱者越弱的现象。天使投资人愿意聚集在一个地方寻找适合的投资目标，当股权众筹平台汇集了一批优秀的投资者后，融资者自然会聚集过来。于是，原先发展起来的平台会越来红火，流量不佳的平台则举步维艰。

股权众筹平台的另一个方向是专注做实体店铺的众筹。除了实体店铺的股权外，有些平台允许创业项目提供股权外的回报（比如代金券），相当于股权众筹与回报众筹模式的融合，比如“人人投”平台。

说起股权众筹，不得不提“大家投”的一个创新产品“投付宝”。投付宝的原理和支付宝的担保交易类似，“投付宝”模式如图 2–13 所示。

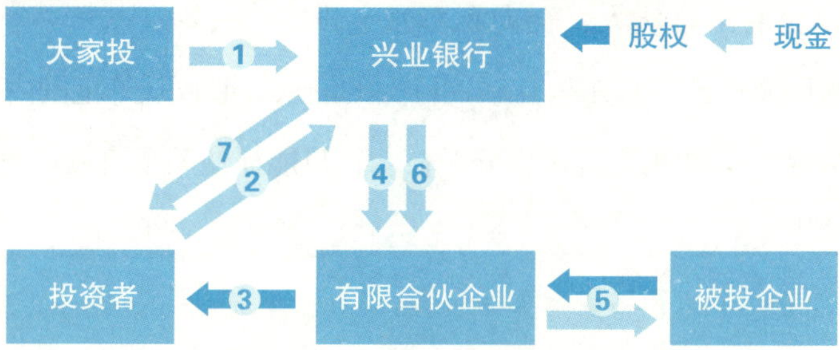

图2–13 “投付宝”模式

①大家投委托兴业银行深圳南新支行托管投资资金。

②投资者认购满额后，将钱款打入兴业银行托管账户。

③大家投协助成立有限合伙企业，投资者按出资比例拥有有限合伙企业股权。

④兴业银行将首批资金转入有限合伙企业。

⑤有限合伙企业从兴业银行获取资金后，将该资金投入被投企业，同时获得相应股权。

⑥兴业银行托管的资金将分批次转入有限合伙企业，投资者在每次转入前可根据项目情况决定是否继续投资。

⑦若投资者决定不继续投资，剩余托管资金将返还给投资者，已投资资金及股权情况不发生其他变化。

投资者可自主选择是否愿意担任有限合伙企业的一般合伙人（General Partner，简称 GP）。简单介绍一下风险投资基金（Venture Capital，简称 VC）和私募股权基金里的一般合伙人和有限合伙人（Limited Partner，简称 LP）。有限合伙人是出钱的人，一般合伙人是风险投资基金的管理人，会收取管理费和超额分成，有的一般合伙人同时也是有限合伙人，会向私募基金投资。

随着阿里巴巴、京东等互联网巨头的涌入，股权众筹范围内的创业机会越来越少。创业者若还想分一杯羹，只能抓住某垂直领域发力。

3. 回报众筹

回报众筹一般指预售类的众筹项目，团购在此范畴内。但团购并不是回报众筹的全部，且回报众筹也并不是众筹平台的全部。

传统概念的团购和回报众筹的主要区别在于募集资金的产品或服务的发展阶段，如图 2–14 所示。

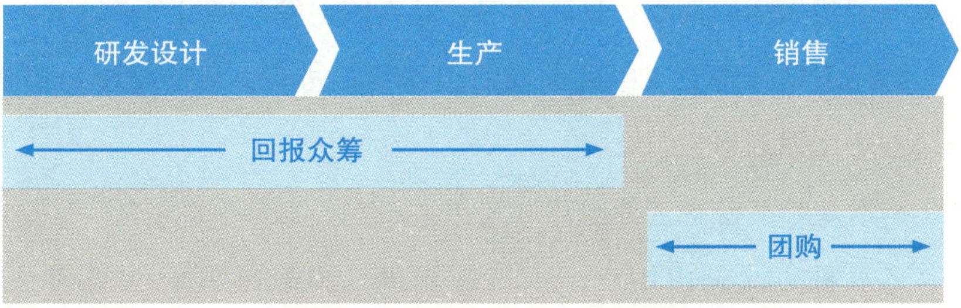

图2–14　回报众筹与团购的区别

回报众筹指的是仍处于研发设计或生产阶段的产品或服务的预售，团购指的是产品或服务已经进入销售阶段。所以，回报众筹面临产品或服务不能如期交货的风险。

回报众筹与团购的目的不尽相同：回报众筹主要为了募集运营资金、测试市场需求，而团购主要为了提高销售业绩。但两者在实际操作时并没有特别清晰的界限，通常团购网站也会有类众筹的预售，众筹网站也会发起团购项目。

回报众筹涉及的领域很广：音乐、影视、文学、艺术、新闻、科技、时尚等。回报众筹平台为缺乏资金的文艺工作者提供了一种变现渠道，为独立新闻工作者提供了挖掘新闻的资金。硬件创业者可以通过回报众筹平台预售产品、测试市场需求，股权不会被稀释。目前，部分垂直领域的众筹网站也逐渐发展起来，比如专注微电影众筹的淘梦网，专注音乐众筹的乐童音乐和 5SING 众筹。

4. 捐赠众筹

非政府组织的在线捐款平台可以算是捐赠众筹的雏形：有需要的人由个人（本人或者其他知情的人）提出申请，由有公募资格的非政府组织做尽职调查，证实情况，并在网上发起项目，进行募捐。

如果不把传统意义上的非政府组织囊括进来，目前纯粹的捐赠众筹在中国屈指可数。

捐赠众筹平台有三种运营方式：

第一种方式是由用户个人发起求助。2016 年 3 月，《慈善法》草案审议通过，规定个人不可以进行公开募捐。我们先厘清两个概念：公开募捐和个人求助。公开募捐具有公益性，是利他的，必须使不特定的社会公众受益；而个人求助是为陷入困境的个人筹集款物，是利己的，不属于慈善募捐。个人不可以进行公开募捐，但在自身面临困难时向社会求助，是一项正当的权利。

第二种方式是由捐赠众筹平台根据《基金会管理条例》和《慈善法》设立公募基金会，代替有资金需求的一方向公众发起募捐。但公募基金会申请门槛较高，获批较难。

第三种是前述的微公益模式，如图 2–15 所示。由有公募资格的非政府组织发起、证实并认领，捐赠众筹平台仅发挥平台作用。腾讯有类似模式的产品，如腾讯公益下的“乐捐”。

除了公益外，捐赠众筹也有其他的可能。比如美国的路人甲版众筹社区 Crowdtilt（后改名为“Tilt”），通过该平台可以实现或帮助别人实现某个心愿，比如一次奢华的旅行、一场美好幸福的婚礼等。

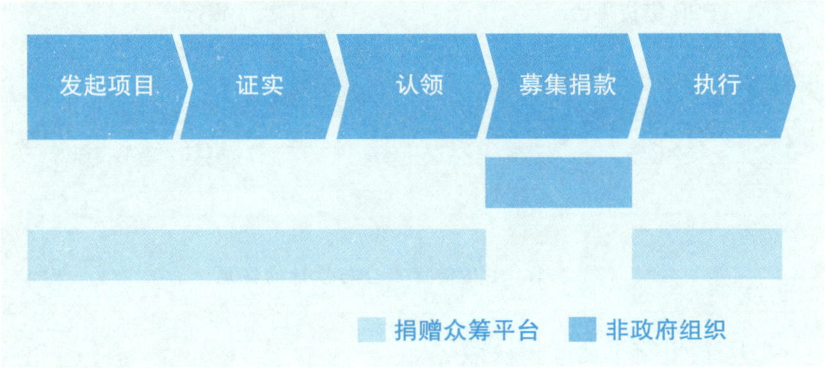

图2-15 微公益模式

（二）P2P 借贷平台

如前文所说，P2P 借贷本质上是众筹的一种——债权众筹。在银监会等监管机构的公文中，官方曾将 P2P 借贷平台译为“人人贷”，现在则将其称为“网络借贷信息中介机构”。

简单来说，它作为一个平台，借款人可以在平台上发布借款需求，投资者可以选择适合的项目放贷，之后借款人再归还本金及利息。P2P 借贷平台提供了一个对接借贷双方的场所。

除了提供交易平台促成交易的功能外，国内的大部分 P2P 借贷平台还提供风险特性信息以及违约催收等额外服务。

P2P 借贷平台与银行的区别在于：P2P 借贷平台的借款是一一对应，有迹可循的；而银行是把所有存款汇集起来，形成一个资金池，再把资金一批批贷出去，具体内容如图 2-16 所示。

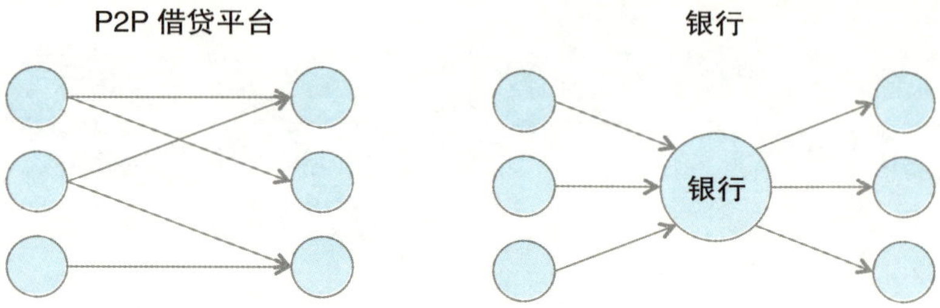

图 2-16 P2P借贷平台与银行的区别

1. P2P 借贷平台历史快照

P2P 借贷平台的发展可谓风生水起，这波热浪在欧美发起后席卷了亚洲市场。

P2P 借贷的概念源自 1976 年诺贝尔和平奖获得者穆罕默德·尤努斯（Muhammad Yunus）创立的孟加拉国格莱珉银行（Grameen Bank）。

2005 年 3 月，由 Egg 银行管理团队的理醒德·杜瓦尔（Richard Duvall）等人成立的议价区域（Zopa）网站开始在英国伦敦运营，这标志着互联网 P2P 借贷平台模式的诞生。

2006 年 2 月，美国首家 P2P 借贷网站 Prosper 开始运营。2007 年 5 月，贷款俱乐部（Lending Club）成立。这两家网站迅速发展，目前为美国排名前二的 P2P 借贷平台。

2007 年 6 月，中国第一家 P2P 借贷平台拍拍贷在上海成立；同年 10 月，宜信上线 P2P 借贷平台网站。

2008 年，美国证券交易委员会（United States Securities and Exchange Commission，简称 SEC）要求所有 P2P 借贷平台必须将提供的服务注册为证券，贷款俱乐部和 Prosper 停运了一段时间，P2P

始祖议价区域网站也因此退出了美国市场。

2010 年，印度首家 P2P 借贷平台 i-Lend 在海德拉巴成立。截至 2013 年 12 月，i-Lend 注册用户超过 1 000 个，累计贷款需求超过 3 500 万卢比，累计投资金额超过 600 万卢比。

2012 年 8 月，澳大利亚首家合规的 P2P 借贷平台 SocietyOne 成立。

2013 年 7 月，拥有花旗银行及渣打银行 15 年工作经验的龙沛智创立了我国香港首家 P2P 借贷平台 WeLend。截至 2016 年 5 月，WeLend 申请资金已超过 36 亿港元，已登记用户超过 4.4 万人。

我国内地自 2007 年拍拍贷成立后，行业内进行了多次整合，不少 P2P 借贷平台由于经营不规范等原因纷纷被淘汰。自 2013 年起，监管层着手拟定相关法规。初步的框架《网络借贷信息中介机构业务活动管理暂行办法》也在 2016 年 8 月出台。

根据网贷之家的数据，截至 2016 年年底，我国共有 5 881 家 P2P 借贷平台，贷款余额超过 8 000 亿元，而 2014 年 1 月仅有 300 亿元多一点儿。虽然这比起银行的放贷规模仅是沧海一粟，但每年数倍的增速还是吸引了不少市场参与者涌进这个巨大的蓝海。竞争加剧之余，随着大批 P2P 借贷平台的关闭，投资者越来越意识到投资风险的存在。

2. P2P 借贷平台价值链

P2P 借贷平台连接了借款人和投资者，相应地，价值链也一分为二，如图 2–17 所示。

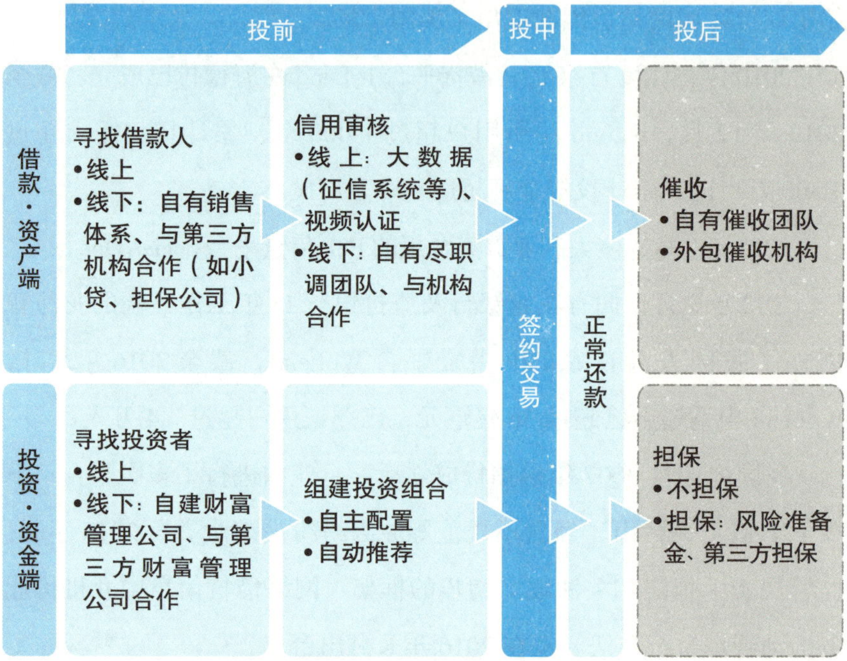

图2-17　中国P2P借贷平台价值链

整个行业主要有两条价值链——资产端（借款业务）和资金端（投资业务）。资产端负责找需要资金的企业或个人，资金端则负责找有资金的企业或个人，P2P借贷平台再将双方对接。

由资产端出发：

寻找借款人：P2P借贷平台必须先做交易搜索，找到有资金需求的人，通常通过线上的广告等吸引流量，也可以通过线下的销售体系进行拓展，甚至可以与第三方小贷公司或担保公司合作，挖掘有资金需求的借款人。P2P借贷平台宜信便有强大的线下销售团队，挖掘商圈中有资金需求的人。而有利网则通过与线下第三方小贷公司或担保公司合作，批量获取借款人，同时，第三方金融机构对借款人的信用做初步筛选。

信用审核：不是所有有资金需求的借款人都适合在 P2P 借贷平台上发布借贷需求信息，信用审核在这里起到了筛选借款人的作用。除了线下的实地调查，线上方法也成为 P2P 借贷平台进行尽职调查的重要模式。P2P 借贷平台除了视频认证等验证身份的方法，也可以利用大数据对借款人进行信用评级。大数据的来源包括接入征信平台（如多家 P2P 借贷平台已接入由央行征信中心控股的上海资信有限公司成立的“网络金融征信系统”）、关联社交网络账户（如贷款俱乐部利用脸书的社交圈关系验证借款人的信用，国内的 WeCash 则运用人人网、微博等社交网络的数据）、与电商网站合作（如拍拍贷与 B2B 外贸网站敦煌网合作）等。这些信用审核的结果可以作为定价的基础。

签约交易。

正常还款。

催收：在签约后，如果借款人信用出现问题，存在违约情况，P2P 借贷平台往往会有催收的环节。通过自建催收团队或与小贷公司、担保公司或专业的催收团队合作，保障投资者的权益。

由资金端出发：

寻找投资者：找到有资金需求的人后，也要找有投资需求的人，这样才能促成交易。一般拓展投资者的渠道和“寻找借款人”的渠道类似，除了线上各种渠道外，线下也有不少P2P借贷平台成立了自有的财富管理公司。比如，美国P2P借贷巨头贷款俱乐部成立了LC Advisor投资管理公司，我国宜信成立宜信财富，专注于服务高净值人士，除了P2P贷款产品，也为用户提供基金（已于2013年取得基金销售牌照）、保险、信托等产品。

组建投资组合：投资者在纯粹的P2P借贷平台上组建投资组合一般要面临一个重要问题——风险与回报的权衡（risk-return tradeoff），如果P2P借贷平台的信用评级系统可以与定价机制较好地结合，高风险往往伴随高回报。投资者登录P2P借贷平台后，会平衡自身的资金情况及风险偏好（risk appetite），组建适合自己的投资组合。这个过程中，投资者可以自己去选标，也可以由P2P借贷平台依照投资者的期望回报率及其他投资条件自动生成初步组合，投资者再进一步调整。以贷款俱乐部联合创始人苏海德（Soul Htite）加入的点融网为例，用户可以在主页选择期望回报率，点融网自动帮用户选中数十个不同风险等级的P2P借贷标的，以达到分散投资的目的，这也极大方便了投资者的风险管理。

签约交易。

正常还款。

担保：签约后，如果借款人信用出现问题，存在违约情况，P2P借贷平台有可能与第三方合作担保本金或本息。这对于平台来说是负担，甚至可能使平台破产。但对于大多数风险偏好极低的中国投资者来说，不保本的投资，没有吸引力。所以，中国绝大多数的

P2P 借贷平台都是担保模式。当然，天下没有免费的午餐，担保服务一般会额外收费或减少投资者本应享有的投资收益，即变相提高了借款人的融资成本或降低了投资者的投资收益。担保服务的提供方会受到一定限制。

上述价值链缺失了定价环节，理论上来说，定价环节应该在信用审核的时候一并完成，但现在 P2P 借贷平台在国内的发展尚未成熟，平台定价能力薄弱，甚至有些平台将定价权直接交给借款人。定价环节在 P2P 借贷业务中被弱化了。

P2P 借贷平台不一定会参与两条价值链的每一个环节：如前所述，部分市场参与者将一些环节外包给其他机构，提供有限服务，以规避平台风险。甚至有的市场参与者只做资产端业务或只做资金端业务。比如，趣分期和分期乐创立早期主要做资产端业务，主要业务是销售大学生的分期消费债权，并与多家 P2P 借贷平台的资金端（包括其关联公司金蛋理财、桔子理财）合作，分销债权。

除了基本的价值链外，P2P 借贷平台为了满足客户投融资之外的需求，也逐渐有了其他增值服务：

再投资：P2P 借贷平台的利率是很微妙的。举个例子，你出借 1 000 元，年化利率是 10%，分 12 期等额本息偿还，每期你只能拿到等额本息 87.92 元。1 年下来扣去本金，你只能赚 55.04 元而不是 1 000 元的 10%（100 元），回报率仅是 5.504%，这是为什么？

因为每个月对方会把一部分本金还给你，还给你的那部分本金在接下来的时间就不能再产生利息了。除非你把还给你的本金再投进去，否则，年化回报率达不到10%。这在金融领域里叫作再投资风险（reinvestment risk）。

为了满足投资者的再投资需求，人人贷推出了“U计划”：当投资者拿到每期P2P贷款偿还的本息后，系统可以将拿到的还款自动投入精选的P2P贷款标的中。平安集团旗下的陆金所在发展早期另辟蹊径，与同为平安集团旗下的平安大华基金合作推出类余额宝产品——“陆金宝”：投资陆金所的P2P产品“稳盈–安e”的客户在每月收到当期本息时，可以选择将这笔还款申购平安大华“日增利”货币基金。由于陆金所的投资门槛比一般P2P借贷平台高（至少1万元），少量资金一般也无法对陆金所的其他P2P借贷产品进行再投资，“陆金宝”较好地满足了投资者的再投资需求。

二级市场：银行理财产品的流动性一直不理想，特别是余额宝出现后，普通投资者对流动性的需求逐渐升高。部分有P2P借贷业务的互联网金融平台自然注意到了这个需求，陆金所、小赢理财等市场参与者推出了二级市场（债权转让功能），投资者可以方便地转让P2P债权。当投资者急需资金时，可以通过二级市场将债权转让，释放资金流动性。而另一方面，部分平台项目数量有限，投资标的供不应求，投资者可以通过二级市场获得更多的项目资源。关于二级市场，后面章节将进一步探讨。

3. P2P借贷平台价值链的三大问题

P2P借贷领域有三个问题是每个市场参与者都需要思考的：线

上还是线下？担保还是不担保？自己做还是外包？

（1）线上还是线下呢

早期的拍拍贷是纯线上模式，只做平台，进行有条件担保；宜信重视线下模式，拥有强大的销售团队。线上和线下主要覆盖两条价值链的三个环节：借款条线中的寻找借款人以及信用审核、投资条线中的寻找投资者。

寻找借款人与投资者，本质是客户拓展。互联网里有一个简单的公式：

收入 = 流量 × 转化率 × 单价

参照这个公式，线上、线下的优点都很明显。

线上模式的流量大：通过搜索引擎优化（Search Engine Optimization，简称 SEO）、展示广告网络的精准营销、垂直金融搜索网站的合作、互联网打破地域与时间的限制等，P2P 借贷平台可以在较短时间内吸引大量流量，让更多人了解自己的产品，做自己的品牌。但客户是否投资或申请融资，往往取决于网站本身，转化率偏低。

线下模式的转化率（conversion rate）高：面对面的销售更容易促成交易，一些细节可以当面了解。线下转化率比线上模式高很多。但线下布点及增员需要成本，包括时间成本，而且较难达到经济规模效应，流量很难在短期内做大。

此外，线上模式和线下模式定位的目标客户有差异。线上模式接触的大部分是数码一族，这个客群大多是千禧一代（millennials，指1984—1995年出生的泛“90后”)，由于年龄小，他们的资产积累有限，投资额度或需要融资的额度相对较低。

讨论利润，除收入外还要考虑成本。从成本方面考虑，线下模式会高点儿，但近年来，线上线下获客成本逐渐趋同。

随着P2P借贷平台这个概念的普及，未来对投资者或融资者的教育成本会大幅降低，网站的转化率会随之上升；此外，高净值客户或富裕客户逐渐熟悉网络，线上模式的单价逐渐贴近线下模式的单价。未来线下模式在获取客户方面的优势会慢慢消失。

另外一个考量的因素是监管。根据2016年8月推出的《网络借贷信息中介机构业务活动管理暂行办法》，中介机构不得“自行或委托、授权第三方在互联网、固定电话、移动电话等电子渠道以外的物理场所进行宣传或推介融资项目”。当然，这不代表“不能进行线下推广”，不能推广的只是具体的某一个“融资项目”，做户外广告推品牌等是允许的。

另一个涉及“线上还是线下”的环节是信用审核环节。

线上模式的信用审核主要是大数据风控，一般是通过接入征信系统、连接社交网络账户（社交网络活跃度较高的违约成本较高）等方式获取数据，再通过风控模型的运算进行风险定价。线下模式的信用审核则以实地尽职调查为主。最大的差别在成本上，线上模式可以大幅减少信用审核成本。但是，我国的征信系统发展不成熟，央行的征信系统相对成熟，主要是银行、保险公司等金融机构在用，小贷公司和担保公司也在慢慢开始用。所以，线上模式在短期内仍面临不小的挑战。

（2）担保还是不担保呢

首先，了解 P2P 借贷平台的担保类型是风险准备金和第三方机构合作担保。

宜信、拍拍贷等 P2P 借贷平台都建立了自己的风险准备金，每次放贷的时候都会抽取一定比例的金额存入这个风险准备金，如果借款人信用出现问题，逾期未还，P2P 借款平台会用这笔风险准备金先行垫付，回款给投资者（平台本身成了担保方）。部分有 P2P 借贷业务的平台，如小赢理财与众安保险等第三方机构深度合作，为投资者提供担保本息的产品。

担保的本质是什么？如 P2P 借贷，投资方答应以 8% 的利率贷款给借款方，这笔贷款由 P2P 借贷平台 100% 担保本息，P2P 借贷平台向借款方收取 2% 的担保费用，除此之外，不收取任何其他费用。P2P 借贷担保的本质如图 2–18 所示。

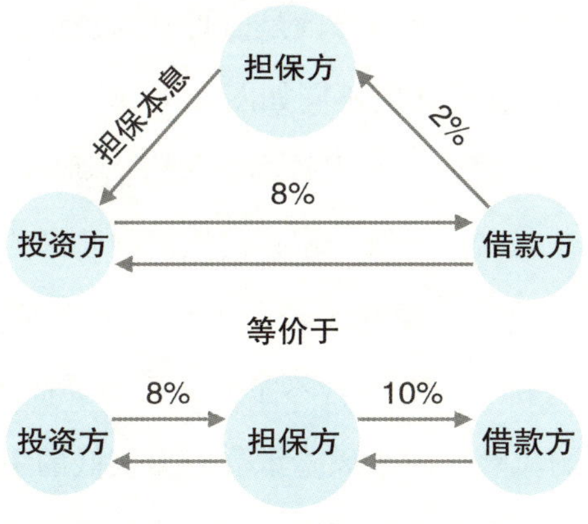

图2–18　P2P借贷担保的本质

上述例子等价于投资方以8%的利率把资金出借给担保方，担保方承诺返还投资方本息。同时，担保方以10%的利率把资金出借给借款方，借款方承诺返还担保方本息，担保方再用这笔资金还给投资方。

换言之，由于担保方的介入，这笔投资的信用风险转移到担保方。对于投资方而言，要考虑的是担保方的信用度，借款方的信用度已不用考虑。因此，定价的基础取决于担保方的信用度而不是借款方的信用度。如果一个P2P借贷平台由它自身或同一家第三方合作机构100%保证本息，理论上，所有相同期限相同还款方式的产品都应该一个价格（如陆金所、小赢理财由同一机构保障本息的同样期限的P2P产品都是一个利率）。如果回报率不一致，投资者宁愿选最高回报率的项目，因为风险是一样的。

再者，担保业务需要担保牌照（如果是通过信用履约险保障本息则需要保险牌照）。有些P2P借贷平台没有相应的金融牌照却做担保业务，是超范围经营特殊业务，是监管机构禁止的。

担保模式与不担保模式的不同如图2-19所示。

担保模式中平台的风控意识较高，投资者则不会主动去思考风险管控的问题；客户忠诚度低，若有其他提供担保的P2P借贷平台，客户容易流失；平台风险很高（若是平台承担担保责任）；获取客户较为简单。作为新手，对平台不了解，很容易简单用“是否保本保息”判断产品的风险。对于风险承受能力较低的中国投资者来说，低风险有担保的产品在客户的获取方面自然有优势。

图2-19　担保模式与不担保模式的不同

P2P 借贷平台究竟是选择担保还是不担保？其实，市场已经回答了这个问题。

早期的拍拍贷和点融网独树一帜，坚持不保本。结果，它们的市场份额被蚕食，拍拍贷也因此丧失了先发优势。2014 年 12 月，拍拍贷不得不放弃“不兜底”做法。

但拍拍贷和点融网并没有放弃“去担保化”的原则——它们开始“有条件的担保”。早期点融网的本金保障只对投资在 30 笔以上的投资者有效。而拍拍贷的投资者满足一定条件才可享受 100% 的本金担保：投标 50 个列表；每个投资列表须满足——借出金额小于 5 000 元且小于列表借入金额的 1/3。

通过有条件的担保，P2P 借贷平台可以鼓励投资者主动参与风险管控，降低平台的风险。不过，在投资者教育程度不高、市场竞争逐渐激烈的形势下，拍拍贷和点融网最后均取消了担保条件。

（3）自己做还是外包呢

解决了前两个问题后，如果决定做线下模式或担保模式，下一步要解决自己做还是外包的问题。

回到价值链上，有五个环节会涉及这个问题——资产端的寻找借款人、信用审核和催收；资金端的寻找投资者和担保。

寻找借款人：P2P借贷平台可以依靠线下小贷公司或担保公司做交易搜索。线下金融机构之所以转介给P2P借贷平台，可能是因为暂时资金不够，又想维持客户关系，于是转介给P2P借贷平台赚取手续费。中国香港有家叫作AMP的财务公司，和银行深度合作。没有自有财务公司的银行有时候会因为前述理由把有贷款需求的客户转介给AMP，让对方帮忙做过桥贷款。但这种客源不稳定，且贷款期限不长。再者，小贷公司会担心未来借款人绕过小贷公司直接在P2P借贷平台融资，所以，对客户的信息管理得比较严，而P2P借贷平台对客户关系的管理能力较弱。且小贷公司的经营范围有地域限制（阿里巴巴和欧浦这种跨地区经营的毕竟是少数），P2P借贷平台很难从地域的维度降低风险。

除了线下小贷公司或担保公司外，一些互联网金融公司也专注于资产端业务，比如专注消费金融债权资产的趣分期与分期乐，它们通过向大学生提供分期消费贷款服务获得资产。同样地，这类公司由于业务和客群单一，风险也相对集中，加之校园分期贷款的模式并不被鼓励，因此，趣分期和分期乐都在逐步退出学生消费分期市场。

如果在寻找借款人这一环节上选择外包，P2P 借贷平台必须和大量线下小贷公司、担保公司、互联网金融公司合作，才能有效降低上述风险。但部分地区限制 P2P 借贷平台、小贷公司与担保公司合作。

信用审核：如果在第一个问题上选择了线下模式，也就是通过实地尽职调查进行信用审核，那么，P2P 借贷平台可以把这部分外包给专业的尽职调查公司。例如，“企乐汇”便是专注于尽职调查外包服务的公司。

催收：市场上催收需求大，成本高。部分 P2P 借贷平台会和小贷公司或担保公司进一步合作，由它们负责线下催收业务。近年来，市场上也出现了专业催收机构，如青苔债管家，人人催等。

寻找投资者：第三方理财巨头诺亚财富入股拍拍贷，对于拍拍贷最大的好处是带来了大量高净值投资人。P2P 借贷平台固然不能将所有这部分工作都外包，自建获客渠道是很重要的，但是和第三方财富管理机构合作可以减轻获客压力。

担保：由于监管的要求，理论上，P2P 借贷平台的所有担保服务都需要外包，除非注册另一家无股权关联的公司去申请担保牌照或保险牌照。2014 年 7 月，银监会明确表示，P2P 借贷平台自身不能为投资者提供担保。

此外，对于投资者而言，不同类型的担保机构的安全程度是不一样的——有些 P2P 借贷平台选择与担保公司合作，而少数 P2P 借贷平台（如小赢理财的保险专区、凤凰金融的凤保宝）选择与保险公司通过“信用履约险”的形式合作。后者的安全程度更高。

担保公司的设立门槛相对较低，只要有资金均可以设立。而保险公司则不然，保险牌照不易申请。因此，如果保险公司资金不够，无法还款，会有公司（比如一些上市公司）踊跃注资接盘。即使无人接盘，根据《中华人民共和国保险法》，还有国家的保险保障基金兜底。

P2P借贷平台与保险公司合作后，P2P借贷平台的坏账数据要定期上报保监会，因此，保险公司会对借款项目进行严格的风控，P2P借贷平台相当于被间接监管。

要注意的是，不少P2P借贷平台虽然和保险公司合作，但保险公司对有些情况不会保障本息，比如图2-20所示的这些险种。

图2-20 不保障本息的险种

所以，投资要认准"信用履约险"。

3. 客群细分差异化

由于市场竞争激烈，不少P2P借贷平台开始采取差异化策略，针对特定客群进行营销。有利网在融资需求端定位6万元以下的小微企业，在投资需求端定位普通消费者的门槛为50元；招商银行旗下的P2P借贷平台"小企业e家"在融资需求端是成百上千万的大额融资，投资需求端则是持有流动现金的小企业；宜信旗下的宜农贷在融资需求端则定位农户，投资需求端则定位热心公益人士（年化利率仅 2%）。

金银猫等 P2B 票据交易平台在融资需求端定位有流动资金需求的企业。P2B 票据交易平台的本质仍是 P2P 借贷平台，只是贷款以银行承兑票据作为质押。所谓银行承兑票据，是由银行承诺在一定期限后支付现金的票据。一些企业急于获得流动资金，会把银行承兑票据作为质押物获取贷款，以利息为代价获取资金流动性。此外，部分 P2P 借贷平台推出过不少抵押类产品，如陆金所的“稳盈 – 安业”产品与小赢理财的“众业贷”产品，都是以房屋作为抵押物。

除了众筹类（包括 P2P 借贷平台类）网站，还有一种特别的 N2N 模式——P2P 外汇。若一人需要用欧元兑换美元，另一人需要用美元兑换欧元，他们可以直接交易，避开银行和经纪商高额的手续费和汇率价差损失。国外有 Kantox、瑞波（Ripple）等经典案例，但由于我国的外汇管制，这个模式暂时无法有效复制。

四、导购网站

互联网金融领域中的导购网站即金融流量分发网站，在业界还有另一个名字——金融垂直搜索。这个名字直观地说明了它的功能：根据客户的金融需求和自身实际情况，金融流量分发网站会在数据库中找到可以满足客户需求的金融产品（目前覆盖贷款、信用卡、理财产品等），并在搜索结果中显示。客户可以选择适合的产品并留下联系方式，客户经理将会与客户联系，完成交易。国内的金融流量分发网站有融360、好贷网、51信用卡、我爱卡等。

金融流量分发网站和F2N有什么区别?

金融流量分发网站仅将客户导向金融机构，平台本身并不承担交易功能；而F2N则承担交易功能，整个交易过程在F2N网站上完成。因此，F2N网站承担了交易风险。

（一）导购网站如何起步

金融流量分发网站面临的问题是在流量入口面对有金融需求的客户，在后台又要从金融机构获得金融产品资源。若没有足够的金融产品资源很难吸引客户，没有客户又很难说服金融机构提供金融产品。

大多数市场参与者在起步期资源有限，由于客户的缺失，它们没有很强的议价能力，很难和金融机构直接建立联系。所以，在起步阶段，大多数市场参与者都选择以免费的形式直接吸引银行或小贷公司的客户经理。对于客户经理，虽然金融流量分发网站带来的收益不确定，但留下产品信息并不需要较高的代价，反而多了一个销售产品的渠道，所以，接受程度较高。金融流量分发网站通过线下销售团队向金融机构的客户经理进行直接营销的方法，迅速积累了一定的金融产品资源。金融产品资源的积累又吸引了客户，形成良性循环，规模得以越做越大。

这种逻辑和淘宝类似——用免费的形式吸引商家，用几年时间积累商品资源，再向商家收费。目前，金融流量分发网站面向客户经理的免费体验期已结束。

（二）导购网站如何赢利

在介绍金融流量分发网站的赢利模式之前，先了解广告的常见计价方式，如下：

按点击计价（Cost Per Click，简称 CPC）：用户点一下广告，广告主就要付一定的广告费，比如谷歌的广告是 CPC 的计价模式。

按动作计价（Cost Per Action，简称 CPA）：用户做出某个动作，广告主就要付一定的广告费，比如点击某个广告后完成了注册这一动作，广告主就要付一定的广告费。

按千次浏览计价（Cost Per Mille，简称 CPM）：每一千次浏览，广告主就要付一定的广告费，门户网站较多采用这种计价模式。

按时间计价（Cost Per Time，简称 CPT）：顾名思义，Web 1.0 时代不少网站都采用这种计价方式，一个广告位一个月收多少费用。

按销售额计价（Cost Per Sale，简称 CPS）：每卖出去一样商品，广告主就要支付一定的广告费，“淘宝客”是以这种计价方式收费的。

1. 搜索引擎如何赢利

既然金融流量分发网站的本质是搜索，先看看搜索引擎是如何赢利的。

以谷歌为例。谷歌虽是科技公司，但其大部分收入来自广告业务——关键词竞价广告（AdWords）。

关键词竞价广告的两种主要赢利模式如图 2–21 所示。

	图示	流量来源	描述
搜索引擎广告		• 自有流量	• 广告显示在谷歌搜索结果的顶部或侧边广告位 • 根据关键词推送广告，进行精准营销
展示广告网络		• 来自发布商的合作流量：网站流量、App 流量	• 广告显示在与谷歌合作的发布商（网站或 App）的广告位 • 根据 Cookies、地理位置等信息推送广告，进行精准营销

图2–21　关键词竞价广告的两种主要赢利模式

一种是搜索引擎广告，在谷歌搜索某个关键词后，搜索结果顶部或侧边会显示相关性较高的广告。这些广告是依据用户输入的关键词显示的，一般是用户感兴趣的，也有可能被点击，这个模式按 CPC 收费。对于某个关键词，广告主可以设定好价格进行实时竞价（Real Time Bidding，简称 RTB），若某一广告的价格是所有出价者中最高的，就会优先显示。

另外一种是展示广告网络（display network），其具体流程如图 2–22 所示。

网站主和开发者与谷歌合作，把网页上的一些广告位让给谷歌。这些网站主和开发者在业界被称为发布商（publisher）。在移动端，App 开发者也是发布商的组成部分。这些广告位资源组成了庞大的

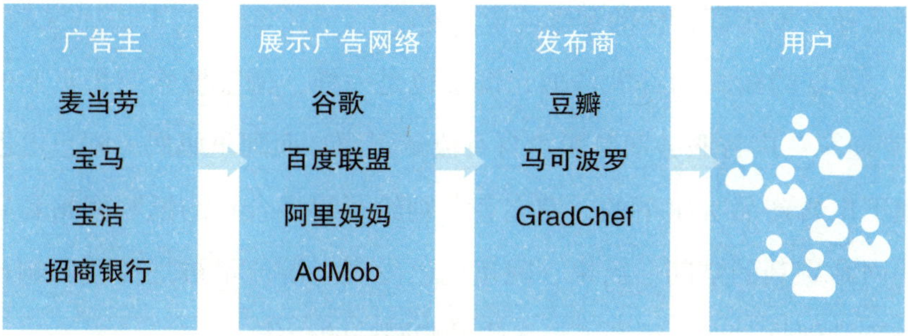

图2-22 展示广告网络

展示广告网络。而大部分网站或 App 体量较小，也就是通常意义上的长尾，流量很小，没有什么议价能力，因此，也很难单独和大的广告主签订合约，广告位资源常被浪费。

另一方面，谷歌通过关键词竞价广告或关键词竞价广告的广告代理公司，接收广告主投放的广告。

当用户在浏览网页时，谷歌的实时竞价系统会根据用户的地理位置、浏览网页的内容等信息，选出最适合展示给用户且出价最高的广告，在发布商的广告位上展示，对用户进行精准营销。

谷歌也由此成为世界上最大的广告公司。谷歌 AdSense 根据 CPC 计价，当用户点击广告一次，广告主要付一笔钱给谷歌，当然，谷歌需要和发布商分成。

在此理论基础上发展起来的移动广告应用 AdMob 被谷歌收购，至此，移动端的广告市场被谷歌揽下了大部分。

所以，谷歌的广告主要有两个流量分发渠道——搜索引擎广告和展示广告网络。其中搜索引擎广告是谷歌的自有流量，展示广告网络是与发布商合作的合作流量。

百度的模式和谷歌类似，淘宝也是一样：淘宝搜索结果页面的“直通车”广告服务便是贩卖自有流量资源，而阿里妈妈（阿里巴巴旗下广告产品）旗下的“淘宝客”则给了很多合作的返利网站和导购网站赢利的空间。后来，阿里巴巴发现上游流量被把控会影响自有流量创收，于是暂停了与一些导购网站的合作。

2. 金融流量分发网站的赢利模式

基于上述背景知识，我们可以更好地理解金融流量分发网站。其赢利模式可以依据谷歌两种类型的流量资源去思考——虽然，目前大多金融流量分发网站主要依靠自有流量的变现。

（1）自有流量

目前，金融流量分发网站的自有流量主要来自三个页面：主页、搜索结果展示页面和产品页面。由于大部分市场参与者在搜索结果展示页面都未采用类似百度的竞价排名机制，搜索结果展示页面的广告方式和主页类似，可合并介绍。

主页和搜索结果展示页面：提供固定广告位，可以类比谷歌搜索结果中顶部或侧边的广告，一般采用 CPC、CPM 或 CPT 计价。

产品页面：这个页面有两种收费模式。一种是 CPA，用户通过金融流量分发网站选中适合的产品后，留下个人信息（姓名、电话等），金融机构或旗下的客户经理需要向金融流量分发网站付费；一种是 CPS，用户通过上述流程成功申请金融产品（如贷款）后，金融机构或旗下的客户经理需要向金融流量分发网站支付佣金。

由于主页和搜索结果展示页面的广告位资源有限，大部分流量变现还是集中在产品页面。而根据融 360 的数据，CPS 虽然可以控制成本，但单价较高，更多的广告主（金融机构或旗下的客户经理）还是选择 CPA 的计价方式。

（2）合作流量

融 360 在合作流量方面止步于同百度财富的合作，而好贷网则在合作流量层面打造了“云金融”这一概念，合作伙伴除了百度、搜房网、360 搜索等，还有各地门户网站。

好贷网“云金融”的具体流程同谷歌的展示广告网络的具体流程类似，如图 2–23 所示。

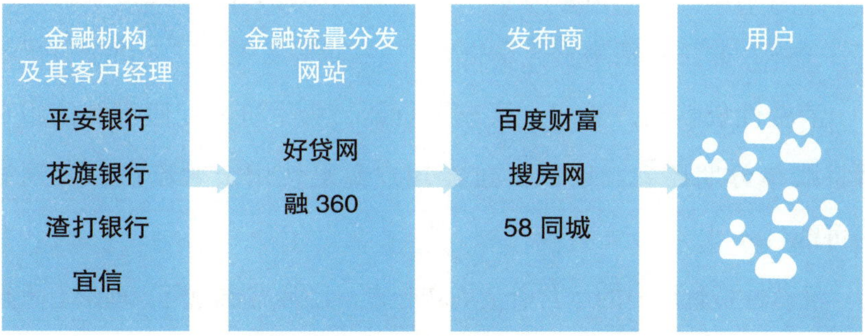

图2–23 好贷网“云金融”的具体流程

金融机构及其客户经理通过好贷网投放产品信息，好贷网与百度财富、搜房网等发布商合作，发布商 5 分钟内即可搭建起贷款搜索平台，好贷网提供数据、技术和运营支持，金融机构及其客户经理向好贷网支付流量费用，好贷网再分成给发布商。

据媒体报道，截至2014年3月23日，好贷网“云金融”经过近3个月的试运营，已有300多家发布商入驻“云金融”平台，贷款申请量超过数十亿，直接产生收益达百万元。

（三）导购网站如何克服挑战

金融流量分发网站主要面临两个挑战。

一个是一次性用户，另外一个是用户资料隐私。

一次性用户即用户用金融流量分发网站找到了合适的金融机构，但在使用过一次后便没有交易，这种现象主要集中在贷款产品上，下面按用户类型分别介绍。

一般来说，金融流量分发网站上的贷款用户有两类：一类是消费性贷款用户（包括房贷、车贷等），一类是经营性贷款用户。

消费性贷款用户买房、买车需贷款，买手机或度假等刷信用卡后将账单分期还款。所以，这类用户重复使用金融流量分发网站的可能性不大。

经营性贷款用户的运营资金周转起来，经常需要融资，理论上重复使用金融流量分发网站的次数较多。但金融流量分发网站依然有流失此类用户的可能。因为用户在银行申请不到贷款，才在网站看是否能贷到，但是有愿意提供贷款的银行，用户可以直接在银行贷款，除非该银行利率涨得比其他银行高，否则用户不会在网站上重新走一遍流程。

这个问题没有特别好的解决方案，只能不断地跟经营性贷款用户介绍最近某些金融机构在做的活动，或许能申请到更好的利率。网站还可以拓展品类，除贷款外做信用卡、保险、理财产品等。对于这些金融产品的用户来说，产品转换成本（switching cost）较低，比如用户很容易就能申请多家银行的信用卡，但不用付出什么成本，而且，此类产品的购买和使用频率较高。当然，新用户自然也要争取。

有关用户资料隐私，有新闻报道说金融流量分发网站提交给客户经理的个人信息，被客户经理拿去贩卖，结果用户在提交资料后一直受到推销电话的骚扰。虽然，金融流量分发网站会做管控，比如把泄漏资料的客户经理放进黑名单之类，但这种现象很难禁止——毕竟合作方是客户经理而非金融机构本身，个体的行为较难把控。金融流量分发网站一般会在做大做强后，直接和金融机构对接。

在保护客户资料隐私方面，金融流量分发网站可以学习 58 同城的“58 呼转”服务，它给每个用户分配一个转接号码，用户可以主动管理转接号码，号码可以随时暂停，这样，避免了广告骚扰。

五、交易所与经纪人

（一）交易所与经纪人的作用

在谈及交易所和经纪人的作用前，先了解证券交易的价值链，如图 2–24 所示。

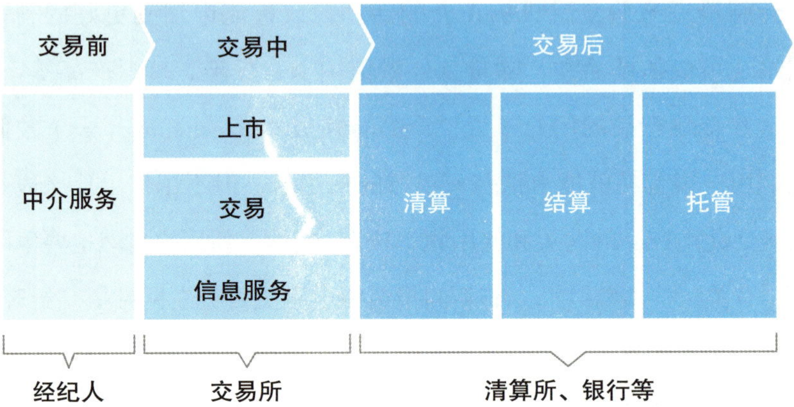

图2-24 证券交易的价值链

交易所承担的职能主要是上市、交易和信息服务（information service）。

上市是一级市场，是产品发布的功能。如果标的物是股票，上市即股票初次发行。

交易所的交易功能则赋予金融产品更高的流动性。流动性对于投资者相当重要。金融产品的生命周期有的比较长，比如投资者在P2P借贷平台上投出一笔钱，可能要几个月才能收回。有些金融产品甚至没有确定期限（比如股票）。投资者的资金购买了金融产品，在金融产品到期前资金又有其他用处，这就要将金融产品进行转让，以获取流动资金。

除此之外，交易所通过市场机制提供信息服务，金融资产的市场价格可以反映出来。金融产品转让的时候投资者不可随便开价，一般买卖双方相互报价，两边的价格相符，便可成交，这个成交价格就是市场价格。

部分交易所（如香港交易所）甚至会切入价值链的下游，通过收购清算所等方式，提供清算、结算和托管等服务。

经纪人则是价值链的交易前阶段，提供中介服务——在一级市场，经纪人也参与产品的设计与开发（如券商的投行部门）。在二级市场，经纪人的参与则可以提高市场效率、为交易双方的信息进行保密，甚至提供融资融券等服务。

（二）交易所与经纪人的互联网化

1990 年 12 月，深圳证券交易所（简称“深交所”）成立，当时主要采用手工交易和结算。1992 年 2 月，深交所实现了实物证券向无纸证券的转化，实物证券就此电子化。而直到 1996 年，深交所才建立全国性的登记清算网络，实现了资金结算与划拨的电子化。上海证券交易所（简称“上交所”）则在成立之初便通过电脑交易。

虽然，目前使用网络交易股票、证券的客户已经超过 90%，但是在 2007 年前后，大部分股民还是习惯去营业厅现场交易，或通过电话委托交易。随着智能手机的普及，有不少客户开始使用券商自有 App 进行炒股。

2014 年 4 月，《上海证券报》有消息称，中信证券、国泰君安等五家券商获互联网证券业务试点资格，又有数家券商成立网络金融管理部门，欲试水相关业务。至此，交易所和经纪人的互联网化迎来了新篇章。

（三）交易所案例——陆金所

陆金所于 2011 年 9 月在上海成立。它早期主要股东有三个，分别是平安信托的全资子公司深圳市平安创新资本投资有限公司、新疆同君股权投资有限合伙企业、林芝金生投资管理合伙企业（有限合伙）。其中，平安创新资本投资有限公司出资 3 亿元，占比约 35%。陆金所的管理层约 1/3 来自平安保险。早期 13 人的高管团队里，来自平安创新资本投资有限公司的高管有 4 人。陆金所的董事长计葵生（Gregory D Gibb）曾是平安集团的首席创新执行官，之前在麦肯锡（McKinsey & Company）工作了 14 年，并担任全球资深合伙人，在台新金控担任过首席运营官。

前文已述，陆金所是以 P2P 借贷平台业务 Lufax 起家的。最早推出的产品是一款名为“稳盈 – 安 e 贷”的产品，后改名为“稳盈 – 安 e”，由担保公司 100% 担保本息，利率是央行贷款基准利率的 1.4 倍。

除了实现对接借贷双方的一级市场功能，Lufax 为了满足投资者的流动性需求，也架设了二级市场功能——持有“稳盈 – 安 e”产品超过 3 个月，可以在二级交易市场转让。这是陆金所作为交易所功能的初步体现。

在逐步丰富 Lufax 产品组合的同时，陆金所开始把业务由个人客户延伸到机构客户，发力往非标金融资产交易市场进军——2013 年下半年，陆金所上线了针对机构投资者和提供企业融资的金融资产交易平台——Lfex。

据介绍，Lfex 交易的产品包括委托债权和应收账款等金融资产、信托产品、信托计划受益权、银行理财等各种财富管理产品等。

Lfex 平台提供的服务包括三个功能板块：金融资产交易中心、财富管理交易中心和企业机构融资中心。金融资产交易中心为个人和机构提供交易、盘活非标资产等服务；财富管理交易中心为投资者提供产品的风险评估、估值定价等服务；企业机构融资中心为小微企业提供融资渠道等服务。

赢利模式方面，目前 Lfex 只对交易成功的投融资双方收取服务费，根据交易规模和产品类型，收费标准不同。据媒体报道，“Lfex 未来可能有四大赢利模式：一是平台交易，创造面向所有机构及个人客户的非标资产二级交易市场，为非标资产创造流动性；二是产品分销，创造面向所有机构及个人客户的非标资产批发市场，对客户产品提供平台分销服务；三是为客户非标资产提供标准化包装、定价、承销一条龙服务；四是通过交易掌握大量客户数据，通过分析精确定位客户需求，向客户及时推送相关金融及非金融产品信息，并获取一定的信息广告收入”。

（四）经纪人案例——“佣金宝”

2014 年 2 月 20 日，国金证券与腾讯合作的“佣金宝”正式上线。“佣金宝”在网上开户的客户可以享受超低的佣金（刚推出的时候是万分之二，5 月 20 日后调整为万分之二点五，但此前开户的客户仍享有万分之二的推广优惠）。

除此之外，账户中的闲置资金多于 200 元时，“佣金宝”会自动将超过 200 元的部分，为客户购买货币市场基金（国金通用基金的金腾通货币基金），产品思路类似陆金所的“陆金宝”产品。

“佣金宝”通过在线咨询外加客服热线提供服务，让客户拥有高质量的客户体验。

推出“佣金宝”之前，国金证券的客户数量仅约 30 万。在推出“佣金宝”后，客户数量出现了“井喷”。据中信证券测算，截至 2014 年 3 月 6 日，“佣金宝”上线 14.5 天，共开户 25.47 万，成绩相当亮眼。

第三章

信息供应与分析

信息供应与分析在投融资业务中的位置如图 3–1 所示。

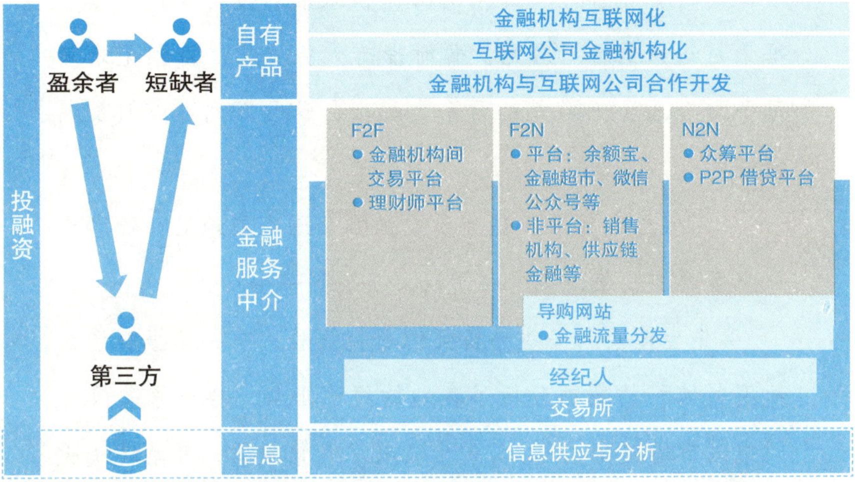

图3–1　信息供应与分析在投融资业务中的位置

信息供应与分析，作为互联网金融的重要组成部分，为客户提供及时有效的服务，促成投融资交易。若懂得运用，它相当于私人投资顾问。接下来将深入解析这些工具在投资决策中的作用。

一、信息分析实例

X 先生收到了工资到账的短信提醒，便顺手把这笔收入记进了个人记账 App。

在去公司的地铁上，X 先生打开记账 App 看了看账单：

现在流动现金有5万元，根据过去12个月的支出，未来大概每个月会花掉4 000元，工资和原来的投资收益加起来每个月进账约5 000元，暂时没有大件支出。可预见未来每个月有约1 000元的盈余。那么，这5万元可以做长期投资。

X先生思考起来：资金要投到哪个国家或地区？资产要分配多少到股票，多少到债权，多少到基金？

X先生搜索到一些分析师的研究报告，有一篇报告详细地用彭博社的数据分析了各地的经济形势，接下来一段时间中国市场较受认可。X先生又看了几篇报告，都阐述了股票市场和P2P借贷市场的火热程度，便又搜索了几篇财经媒体写的报道和分析文章。X先生很快决定把全部资金都投入中国市场，并根据自己的风险承受能力配置了不同类型的资产比例。

X先生打算将其中一部分资金投到P2P借贷平台上。在选择项目的时候，X先生特别留意了借款人是否有征信机构提供的信用报告。

X先生打开股票分析软件，根据软件提供的技术分析指标，选中了两只股票。

挑选基金的时候，X先生对一只基金有点儿犹豫，拿不定主意，便在某金融社交网站上求助了在线投资专家。

完成了投资组合的组建后，接下来几天，X先生陆续认购了相应的产品，并持续关注投资组合价格的变化，以做相应的调整。

二、投资决策

在前面的案例里，X先生的投资决策过程可以分为预算、投资组合组建以及检视投资表现三个环节。不同的环节需要不同的信息，投资决策流程如图3-2所示。

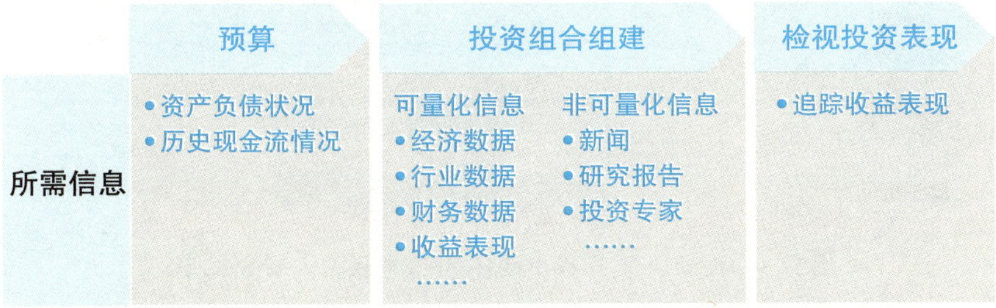

图3-2　投资决策流程

在预算环节，X先生需要的信息有两个：目前资产负债状况（得出可投资资产）和历史现金流情况（用以预测未来的现金流）。

在投资组合组建环节，X先生需要的信息比较杂，以股票及债权投资为例：如果X先生用传统的由上而下（top-down）的方法，那么他需要国家或地区的经济数据、股票市场的历史表现数据、行业数据、公司的财务数据、股票的收益表现数据。除了这些可量化的信息外，X 先生还可以从新闻、研究报告和投资专家等处获取一些非量化的分析和投资建议。在 P2P 借贷平台投资债权的时候，X 先生还看了网络征信机构给出的信用信息。

在最后的检视投资表现环节，X 先生需要知道所投股票的价格变化、债权产品是否违约，以决定是否做出投资组合的调整，投资决策流程中的不同信息供应与分析工具，如图 3–3 所示。

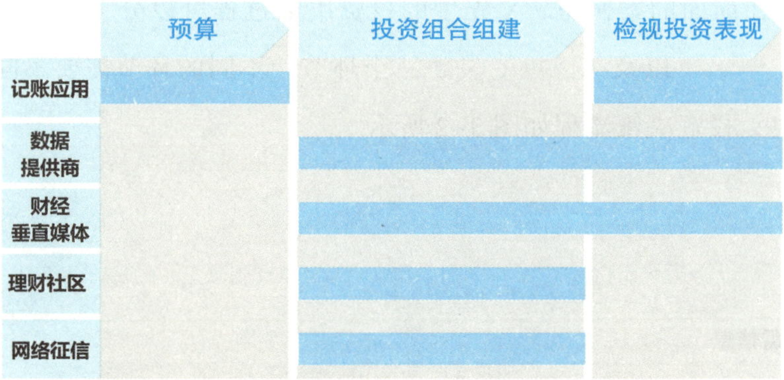

图3–3 投资决策流程中的不同信息供应与分析工具

不同的信息供应与分析工具穿插在三个环节中。

（一）记账应用

在预算阶段，记账应用记录了历史财务信息，这样，可投资资产余额及历史现金流情况在 App 中一目了然。对于企业而言，会计软件则承担相同的功能。

美国的财捷（Intuit）公司通过自有产品 Intuit Quicken 和收购的名特（Mint）公司整合个人所有金融账户的信息，帮助个人客户制订预算方案，预测未来的现金流。同时，财捷公司还通过 Intuit TurboTax 为个人客户提供税务咨询服务。

此外，它的另外两个产品——Intuit QuickBooks 和 Intuit Payroll，为小企业提供会计及税务服务，有云端功能，允许客户在多个设备上同步数据。

（二）数据提供商

普通投资者很少接触彭博资讯、万得（Wind）资讯等数据公司，一般它们以“数据来源”的身份出现在各种银行分析师的研究报告中，它们整合各种公开（甚至不公开）的数据。客户可以很方便地从其终端下载需要的数据，并运用到投资决策中。

国际知名数据提供商还有路透社（Reuters），也有后起之秀资本智商（Capital IQ）公司（著名的评级机构标准普尔旗下公司）。研究中国市场的分析师则更喜欢用本地的数据提供商，如万得资讯、同花顺、司尔亚司数据（CEIC）等。

普通投资者更多接触的是股票分析软件或 App——大智慧、益盟操盘手（已被腾讯收购）、腾讯操盘手等。这些软件通过内置算法简化投资者的分析过程，为专业炒股人士节省时间。

（三）财经垂直媒体

在投资组合组建环节，客户可以通过网上的财经垂直媒体了解某地的发展情况，或了解专家对某个市场的看法，还能看到财经垂直媒体对某事件的详细解读。这些信息都可能影响客户的投资决策。

近年来，涌现出不少专注于投资者教育的内容创业项目，比如“简七理财”“家财网”“很帅的投资客”理财脱口秀节目等。

除此之外，随着博客、微博及微信公众号的兴起，大量自媒体人涌现，其中有相当部分专注于财经领域。

（四）理财社区

所谓“物以类聚，人以群分”，热爱理财投资的人希望有交流的地方，于是产生了各种金融网络论坛。学术界有著名的人大经济论坛（现改名为“经管之家”），拥有海量的教材和资料。普通投资者则更愿意到挖财论坛、她理财社区等，交流理财的技巧。

而类似雪球、StockTwits 这种类推持（Twitter）的垂直社交网站吸引了不少明星投资者、分析师。投资者可以关注这类网站，获取第一手研究成果。

（五）网络征信

在 P2P 借贷平台上投资债权要留意借款人的信用风险。目前，中国最大的征信数据库是央行征信系统，但目前 P2P 借贷平台仍未有接入该数据库的权限（仅有少数 P2P 借贷平台可以通过合作金融机构接入）。

在 2013 年年底《征信机构管理办法》出台前，网信金融已经拿到了企业征信牌照。

图 3–4 所示是不同信息供应与分析工具举例。

记账应用	挖财	名特	财捷	金蝶
数据提供商	彭博资讯	万得资讯	自选股	
财经垂直媒体	腾讯财经	财新网	很帅的投资客	简七理财
理财社区	经管之家	雪球	StockTwits	她理财
网络征信	芝麻信用	网信金融	FICO	

图3–4　不同信息供应与分析工具举例

值得一提的是，国内在检视投资表现环节还有很大的挖掘空间。2014 年 6 月，卡牛实现了与网银的直连，随后挖财推出的“钱管家”也实现了直连功能。互联网公司要实现所有银行直连是有难度的，但传统金融机构在这方面却有不少发展空间——央行的“超级网银”（第二代支付系统）为上述功能提供了较好的基础设施。

个人记账 App 虽然可以起到类似效果，但数据无法自动录入、更新和时滞问题确实较难跟上多变的资本市场。在这方面，微信可以有所作为：如果能对个人记账 App 进行整合，将记账功能并入微信，高黏性的产品可以让客户不间断地录入，与银行信用卡服务号既有的合作可以自动同步数据到账本。

由此，有人提出了问题：“金融流量分发网站是不是也有信息供应的功能？其与信息供应与分析是否有内容上的重叠？”其实，这两者最关键的区别在于：是否连接金融机构。前者一般只提供合作金融机构的信息，销售流量给金融机构；后者则是销售数据给客户或只是客户的数据分析工具，主要用于协助客户做投融资决策。

第二部分

支付业务

前文已提到支付流程，支付方使用拥有支付功能的媒介，直接付款给收款方，或通过第三方间接付款给收款方。相应地，互联网金融企业在此领域有两种业务模式：

电子支付：作为买卖双方以外的第三方，为客户提供桌面端或移动端的电子支付、转账及缴费等服务，如网上银行支付、支付宝、微信支付等。

虚拟货币：以电子形式存在、在网络上流通、具有标价及消费等功能的非实体货币，如Q币、比特币、万里通积分等。

接下来，分别介绍这两种业务。

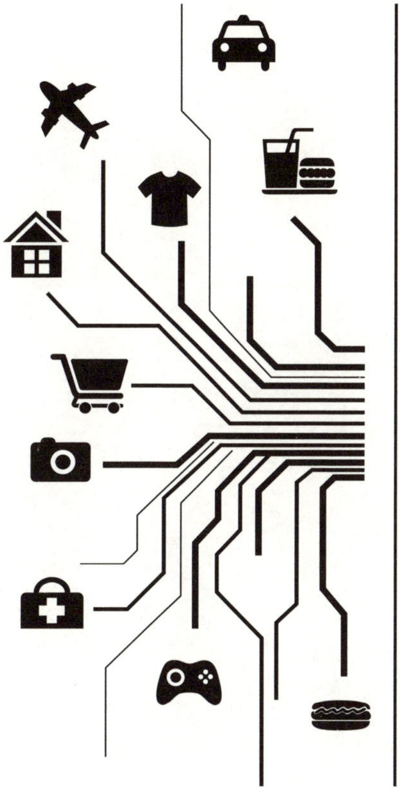

第四章

电子支付

电子支付是指客户通过网上银行、电话银行和手机银行等电子渠道发起的支付业务，包括网上支付、电话支付和移动支付三种业务类型。

下面将从支付在中国的电子化讲起，简单介绍中国支付清算系统的构成，重点分析不同类的第三方支付是如何融入这个市场的。

一、电子支付在中国的发展

1991 年 4 月 1 日，中国人民银行卫星通信电子联行系统正式运行，标志着我国银行电子化运行进入网络时代。一二线城市开始建立自动化同城票据交换系统。各大商业银行陆续加入环球银行金融电信协会（Society for Worldwide Interbank Financial Telecommunication，简称 SWIFT），大幅提高了国际结算的质量、速度和水平。以银行信用为依托的包括票据、汇兑及银行卡在内的非现金支付工具逐渐取代现金。

1998 年 11 月，北京市政府协同人民银行、信息产业部、国家内贸局等启动了首都电子商务工程，并将首都电子商城确定为网上交易与支付中介示范平台，中国互联网支付业务正式开始。

2002 年 3 月，中国银联应运而生。它的成立解决了不同银行的接口承接问题，也使异地跨行的网上支付成为可能。

不少第三方支付机构（如网银在线、首信支付、环迅支付等）

则开始提供支付网关服务。所谓支付网关，即连接银行自身支付系统与互联网的接口。

央行的支付清算系统也在加快建设：

- 2002 年 10 月 8 日，大额实时支付系统首先在北京和武汉试运行。2005 年，该系统覆盖全国。
- 2005 年 11 月 28 日，小额支付系统在天津和福建试运行，次年 5 月推广到广东省，6 月底完成对全国的覆盖。
- 全国支票影像交换系统在 2006 年 12 月首先在北京、天津、河北、广东、深圳、上海试运行，2007 年 6 月覆盖全国。
- 2008 年 4 月 28 日，境内外币支付系统上线试运行。
- 2010 年 8 月 30 日，第二代支付系统横空出世，俗称“超级网银”的网上支付跨行清算系统上线试运行。首批通过测试的银行可实现自身网银与央行系统的互联、跨行支付实时到账、一站式管理所有账户等功能。这也构成了不少直销银行的基础。

至此，支付在中国电子化的基础已架构完毕。与此同时，央行体系外的支付清算系统也在有序完善。

二、中国支付清算系统的构成

中国支付清算系统的构成分为四大类别，如图 4–1 所示。

一是中央银行支付清算系统。这些支付清算系统由央行主导建

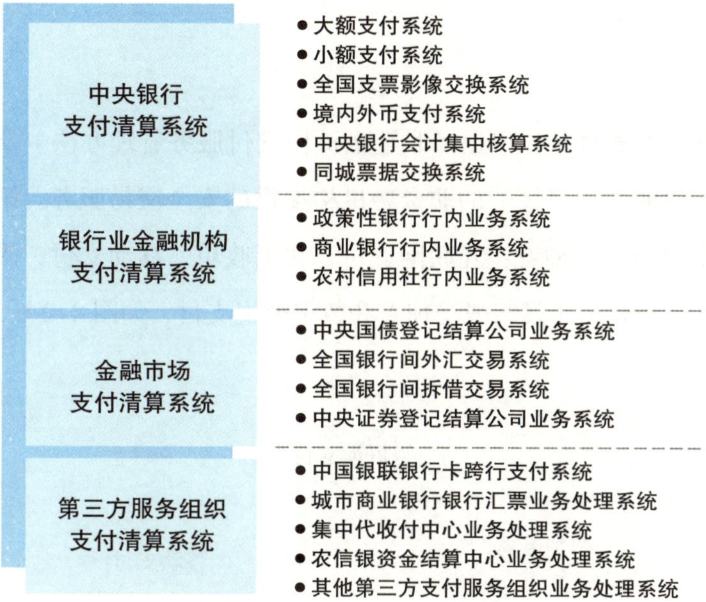

图4-1 中国支付清算系统的构成

立，满足不同银行间的清算需求。

二是银行业金融机构支付清算系统。这些系统大多由银行开发，用于银行内部的支付清算，不同银行的支付清算系统可能千差万别。

三是针对 F2F 业务的金融市场支付清算系统。银行间市场交易的债券等产品可以通过该系统清算。

最后是第三方服务组织支付清算系统。这一系统更贴近客户，银联银行卡跨行支付系统和其他第三方支付服务组织业务处理系统（如支付宝等）与日常支付场景息息相关。下文将详细介绍。

三、第三方支付

第三方支付是指根据《非金融机构支付服务管理办法》拿到央行《支付业务许可证》的非金融机构提供的安全交易服务。第三方支付主要业务类型有：互联网支付、线下收单、移动支付、固定电话支付、预付卡（发行或受理）和数字电视支付，如图 4–2 所示。

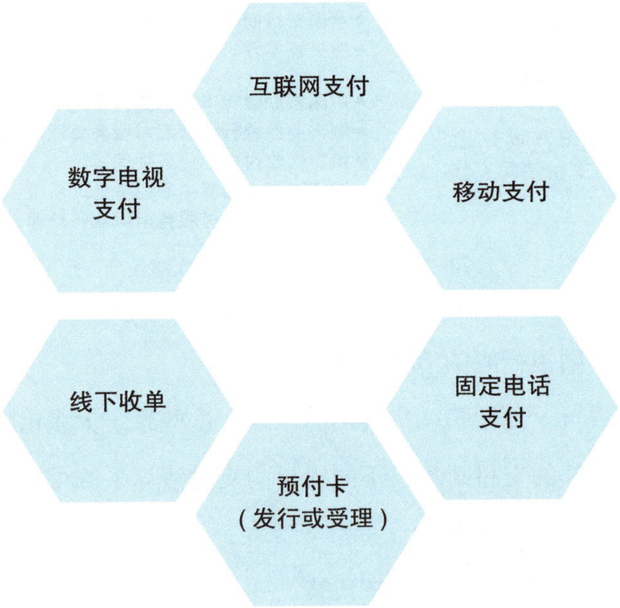

图4–2　第三方支付主要业务类型

就交易规模看，线下收单、互联网支付（不包括移动支付）、移动支付占大部分，剩下的只占小部分。接下来，我们一起看看前三种业务类型。

（一）线下收单

1. 什么是线下收单

想清楚线下收单是什么，我们得先明白信用卡刷卡的整个流程。图 4–3 是信用卡支付简化流程图。

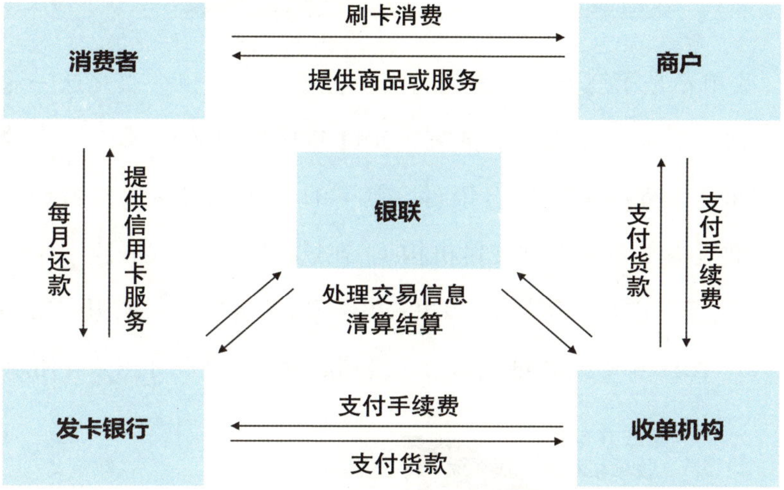

图4–3　信用卡支付简化流程图

消费者从发卡银行拿到信用卡，在商户处刷卡消费并获得商户的商品或服务，后每月向发卡银行还款。收单机构获取商户后，为它们装 POS 机，商户需要向收单机构支付手续费。收单机构将这笔手续费分成给发卡银行和银联。以前，通常是按 7：2：1 的大致比例分配给发卡银行和银联，刷卡费率依商户类别而定，主要依据发改委的刷卡手续费率表。2015 年发改委发布了《关于完善银行卡刷卡手续费定价机制的通知》，不再区分商户类别，收单服务费由政府指导价改为市场调节价。银联负责处理交易信息，清算结算。如前文所述，不同银行的支付清算系统接口不同，银联的参与解决了银行卡交易中不同银行的接口承接问题。

线下收单机构在信用卡的交易过程中起着举足轻重的作用。

2. 线下收单的主要参与者

收单不是第三方支付机构特有的业务，银行也一直是这一业务的主力。根据艾瑞咨询的数据，2011 年中国 POS 收单市场终端就数量而言，有约 45% 来自银行，剩下的 55% 则是从事支付业务的非金融机构（即第三方支付机构）。在这 55% 中，银联旗下子公司“银联商务”占整个市场的 39.4%，第三方专业收单机构只占市场的 15.9%。2011 年中国 POS 收单市场终端数量分布情况如图 4–4 所示。

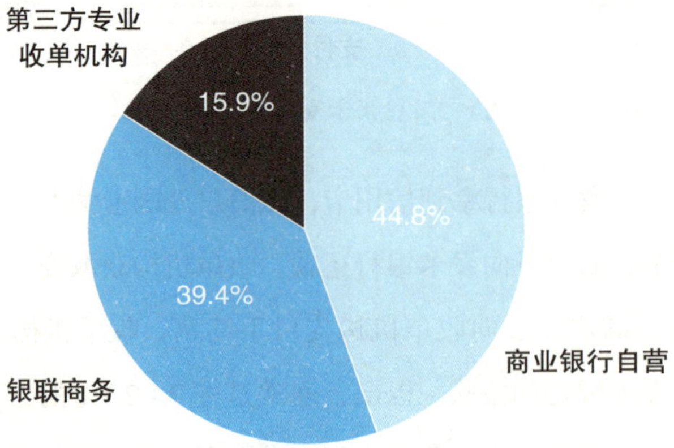

注：图中数据为四舍五入值。

图4–4　2011年中国POS收单市场终端数量分布情况

第三方专业收单机构发展缓慢，主要是因为拓展商户时品牌效应没有银行和银联明显。由于品牌劣势，第三方专业收单机构吸引的大多是中小商户，就收单交易规模而言，市场份额甚至不到10%。

但在这些第三方专业收单机构中，有不少互联网公司脱颖而出：拉卡拉、盒子支付等都推出了类似国外斯威尔的手机刷卡器，小方块的刷卡器插入手机的耳机孔就可以读取银行卡磁条信息。由于手机刷卡器价格合理，相较动辄几千元的传统 POS 机，更受小商户的青睐，也有不少零售客户购买。互联网支付巨头支付宝有类似产品。但手机刷卡器有新的问题：随着银行卡向 PBOC 3.0（人民银行 2013 年颁布的《中国金融集成电路（IC）卡规范》）芯片卡升级换代，手机刷卡器需考虑添加读取芯片，接受银联闪付的近场支付（Near Field Communcation，简称 NFC）等功能。

钱方和拉卡拉等推出了迷你 POS 机（QPOS 机和手机收款宝），它和传统 POS 机接近，只是更具设计感、更小巧、更符合消费者的消费习惯。这些企业除了提供单纯的收单服务，也开始提供额外的商户服务——后台记账、客户关系管理等功能与支付信息无缝结合，极大地方便了商户。以随行付的“会生活”服务为例，POS 机里集合了会员卡、短信营销、优惠券营销、积分、点评等功能。

（二）互联网支付

跳出第三方支付的范畴，互联网支付有三种基本模式。

首先是直连网银支付模式，如图 4-5 所示。网上商户直接与各银行合作，将不同银行的网银支付网关接入自己的电子商务平台。客户需要跳转至网银交易页面进行支付。早期大多数电子商务网站都使用这种模式。

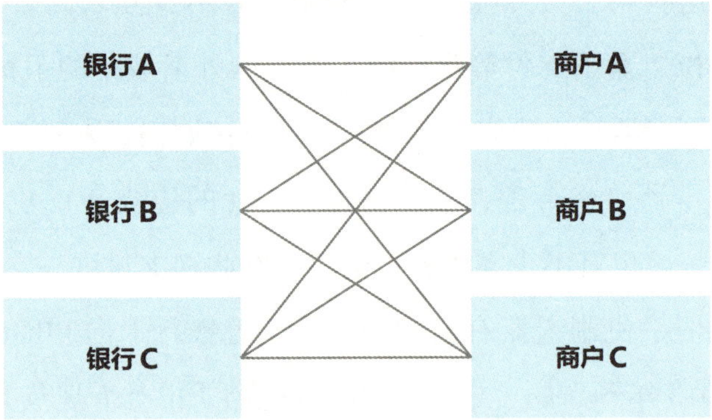

图4–5　直连网银支付模式

当然，这种支付模式有明显的弊端：网上商户和银行谈合作之后，还需要维护不同银行的网关连接与清算对账，甚至在不同的银行开设结算账户以收取资金。若网站客户没有相应合作银行的账户，则无法完成支付。

为了解决上述弊端，在流程中可以引入一个中间商，中间商需同时面向银行和商户，各自去谈。对于商户来说，只需与一家机构结算，这大幅降低了不同接口的维护成本。由于规模化操作，合作的银行网络相应较多，网站客户找到自己注册账户银行的概率也随之升高。这就引出了另外两种支付模式：银行卡互联网支付模式与第三方支付模式。这两种模式如图 4–6 所示。

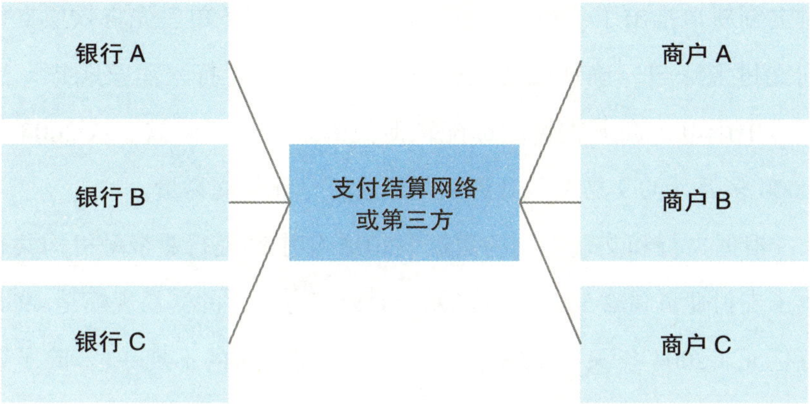

图4-6 银行卡互联网支付模式与第三方支付模式

银行卡互联网支付模式只是将线下收单业务移到网上——中国银联仍作为转接清算机构，负责发卡银行和网上收单机构的交易转接和资金清算。

第三方支付模式为网购一族所熟知，支付宝、财付通（包括微信支付）等都是这个领域的代表。

第三方支付可以细分为网关支付模式和虚拟账户支付模式两种。

网关支付模式在前文已涉及，所谓网关，即连接银行自身支付系统和互联网的接口。网关支付没有账户属性，也不能吸引客户，仅为银行和商户提供服务。早期的第三方支付如环迅、云网、易宝等都采用这种模式。

以支付宝为代表的创新型支付公司开始意识到账户的重要性，继而采用虚拟账户支付模式。淘宝初创时，买家与卖家互不信任问题导致其规模受到限制，为了降低淘宝网购的信用风险，2003 年支付宝创新地推出了“担保交易”产品——买家下单后先将款项支付到支付宝账户，确认收货后，支付宝将款项再打入卖家账户，这成为中国电子商务支付的标配，促使淘宝（包括天猫）从2003年2 000多万元的交易量跃升到如今超过万亿元的交易量。

根据央行和艾瑞咨询的数据，2015年中国银行业金融机构共有电子支付业务量2 506.23万亿元，而第三方支付的交易规模是49.48万亿元（2004年只有72亿元），仅占电子支付的不到2%。除了第三方支付外，其他是直连网银支付或银行卡互联网支付。因为大额交易的企业或金融机构间的结算清算是难以绕开银行的，第三方支付更适合零售业务，结算单价较低。乐观地看，这也说明了第三方支付中互联网支付业务仍有许多发展空间——未来除了对零售业务进一步挖掘，第三方支付还可以深度挖掘现有的支付场景，同时尝试拓展其他使用场景。

在场景的拓展上，已经有不少先行者：汇付天下改变了航空商旅行业的支付，在国内首创了“信用支付”概念，为航空产业链上下游提供垫资服务；汇付天下深入基金零售业的互联网支付，旗下“天天盈”平台是首个获得证监会许可开展基金网上销售支付结算服务的支付平台；快钱则尝试渗透制造业和服务业的供应链管理，提供现金管理与供应链金融服务。

（三）移动支付

移动支付，指使用手机、平板电脑等可移动设备进行支付的手段。

移动支付市场近年来发展迅猛。根据阿里巴巴 2016 财年年报的披露，其电子商务业务中，63% 的成交额来自移动端，而这一数据在 2012 年仅为 7.4%，在 2015 年仅为 30%。

移动支付包括三种主要类型：移动互联网支付、近场支付和短信支付。

曾经颇为流行的短信支付已经不存在。SP 彩铃业务和图片下载盛行之时，短信支付是主要支付方式，甚至连 Q 币等都是用短信支付。

近场支付在中国的发展相对缓慢，普及的一个原因是硬件的更新需要成本与时间的投入。硬件的更新不只是商户的收单设备，对消费者的手机也有硬件更新的要求。银联联合收单机构补贴改造 POS 机，截至 2014 年第一季度末，全国支持银联"闪付"近场支付的终端近 300 万台，但对消费者的引导仍任重而道远。

除了电信运营商和银联，第三方支付机构跃跃欲试：2014 年 4 月，支付宝在新版钱包里加入了 NFC 公交卡充值功能，后又和住建部 IC 卡应用服务中心进行合作，推出了"虚拟城市一卡通"，用户可以直接把具有 NFC 模块的手机当公交卡用。手机 QQ 和北京亿阳汇智通合作，用户在使用手机 QQ 阅读电子书的时候，可以使用公交卡刷卡支付电子阅读费用。

近场支付还有很大的发展空间。2013 年近场支付仅占移动支付交易额的 0.8%。这个情况与国际上类似：据美国市场研究公司

Gartner 的研究报告，2013 年全球移动支付交易额持续高速增长，近场支付却只占 2%。随着苹果支付（Apple Pay）的推广，这个数据可能会随之增长。

反观移动互联网支付，由于余额宝等货币基金的出现以及电商巨头对其移动端的强势普及，交易规模 2013 年有了爆发：由 2012 年的 1 511 亿元一跃到 2013 年超过 1 万亿元，这个数据在 2015 年激增到 10 万亿元。由于余额宝等的出现，2014 年第一季度移动互联网支付场景中，基金申购占比 47.2%，在所有场景中交易量排第一。而淘宝、京东等电商巨头则大力推广其移动端。

除此之外，移动互联网支付还有一个巨大的增长点——O2O 支付。通俗地讲，O2O 支付就是线下二维码支付（O2O 也有其他类型，如条形码支付、声波支付、地理围栏支付等），即线下扫一扫二维码，在手机上利用移动互联网完成交易，这在一二线城市较常见。2014 年，借力钱方好近、哆啦宝等收单机构，二维码支付业务在商户中频繁出现。

最后，用图 4-7 总结第三方支付主要业务类型。图中深色部分是第三方支付的业务类型。预付卡、固定电话、数字电视等，由于量小未放到图中。

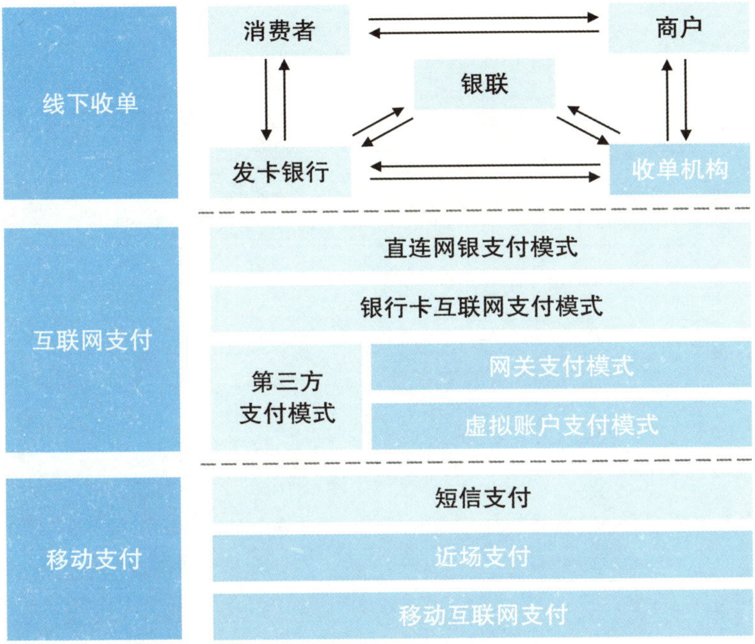

图4-7 第三方支付主要业务类型

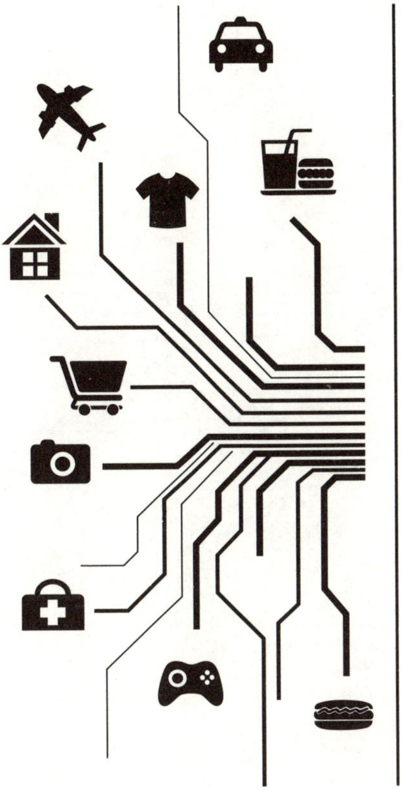

第五章

虚拟货币

在太平洋西北部的加罗林群岛中，有个岛叫雅浦（Yap），是密克罗尼西亚联邦最西边的一个州。

Yap岛使用石币交易。最大的石币是直径达4米、重5吨的石头，小的则直径仅有3.5厘米。有趣的是，在当地原住民的交易过程中，当买卖双方确认了用多大的石币交易后，如果石头太大而不便于搬运，卖家会在买家的石头上做个标记，确认收到贷款。虽然石头还躺在买家家里，但是那个标记证明了卖家拥有那个货币。最有趣的是，岛上的一个富人，他家的财产是一块巨大的石头，但是这块石币在运输过程中掉到海里了。参与运输的人都证实了那块石头的存在，所以，岛上的原住民仍然承认这块石币的价值，这个富人依然可以用它去买东西。

这是威廉·亨利·福内斯（William Henry Furness III）的《石币之岛》（*The Island of Stone Money*）中的真实故事。如今，虽然雅浦岛的主要货币已是美元，但石币依旧在传统或仪式性的场合使用——如结婚、土地更名等。

上述故事说明了货币被使用的基础——同一群体的共同信任。在石币的案例中，原住民群体的信任是建立在彼此对支付规则的长期维护上的，这种信任使石头变成了类似黄金的一般等价物。货币还可以脱离一般等价物，构建在对发行主体（如国家、银行）的信任基础上，如网络游戏《魔兽世界》的G币。

有了信任基础后，货币慢慢显示出它的四大职能：交换媒介

（medium of exchange，充当一般等价物）、价值尺度（unit of account，用以标价）、储藏价值（stored value，把现在的购买力转化为未来的购买力）和延期支付标准（standard of deferred payment，用于支付债务等非即期交易）。发展程度较低的货币并不具备全部职能。

一、什么是虚拟货币

欧洲中央银行（European Central Bank）曾在2012年的一份报告中将虚拟货币定义为：一种不被监管的、由它的开发者发行并一般由其管理的、被特定的虚拟社区成员使用并接受的电子货币。它本身没有价值，由一般等价物作为支撑，或者仅由特定虚拟社区成员的信任基础为支撑。

虚拟货币按照兑换规则有三种类型：封闭型、单向型和双向型。

封闭型虚拟货币仅可以在虚拟社区中获得及使用，不可以通过现实货币购买，也不能将其兑换为现实货币，比如论坛积分、平安万里通积分。

单向型虚拟货币可以通过现实货币购买获得，但不能将其兑换为现实货币，只用于购买虚拟产品或服务，比如Q币（虽然Q币可在黑市交易，获得现实货币，但并没有官方渠道）、航空里程积分、酒店积分。

双向型虚拟货币不仅可以通过现实货币购买获得，也可以将其兑换为现实货币，比如比特币（Bitcoin）、瑞波币（Ripple）、网络游戏《第二人生》（*Second Life*）中的林登币（Linden Dollar）。

虚拟社区的定义也不仅局限在互联网上，比如航空里程积分，其虚拟社区包括整个航空联盟所有航空公司的成员、合作商户等。

二、常见的虚拟货币

常见的虚拟货币如图 5-1 所示。

	虚拟货币	发行者	如何获得	如何使用
封闭型	天涯论坛积分	•天涯论坛	•通过发帖、回帖等行为获得，他人馈赠	•购买论坛虚拟商品或服务、换取合作商家实物产品或折扣等
封闭型	万里通积分	•中国平安	•平安信用卡消费、购买合作商家商品、使用其他积分兑换、玩 App 内置游戏等	•兑换优惠券、实物或虚拟商品，话费充值，加油卡充值等
单向型	Q 币	•腾讯	•使用人民币购买、他人馈赠	•用于腾讯公司旗下的各种增值服务、游戏道具等
单向型	喜达屋（Starwoods）积分	•喜达屋酒店集团	•入住喜达屋旗下酒店或度假村、他人馈赠、使用现实货币购买	•兑换酒店优惠、机票、合作商家的产品或服务等
双向型	比特币	•无	•挖矿、使用现实货币在比特币交易所购买、他人馈赠	•在比特币交易所兑换为现实货币、在接受比特币的商家消费
双向型	林登币	•林登实验室	•使用美元购买、付费账户每周奖励、在游戏中完成指定动作等	•购买游戏中的虚拟产品或服务、通过林登交易所（LindeX）兑换为美元

图5-1 常见的虚拟货币

（一）Q 币

Q 币是腾讯公司推出的一种单向型虚拟货币。用户可以使用人民币购买，汇率一般是 1∶1（腾讯公司为了营销自身的支付平台，用户使用微信支付和财付通支付，可以打九五折）。Q 币可用于购买腾讯所有包月服务、游戏道具及点券等。

由于腾讯的用户基数巨大（仅 QQ 一个产品在 2015 年年底的月活跃用户就超过 8 亿），Q 币对人民币汇率较为稳定，它的流通范围逐渐扩大到非腾讯业务上——甚至有论坛使用 Q 币作为版主的工资。据媒体估计，Q 币每年的交易额可能高达数十亿元。

（二）万里通积分

万里通积分是平安集团旗下的平安金融科技公司推出的虚拟货币产品。

万里通积分获得的渠道较广，包括但不限于：使用平安信用卡消费，购买平安集团旗下的金融产品（如寿险产品等），通过万里通网站购买合作商家商品进行积分返利，使用其他积分（如中国电信的天翼积分）兑换，玩万里通 App 的内置游戏。

要注意的是，万里通积分以前可以使用人民币购买万里通储值卡获得，但目前储值卡业务已暂停。万里通积分逐渐由单向型虚拟货币过渡为封闭型虚拟货币。

万里通积分适用的虚拟社区范围较广——它与多个商家合作，

可以按一定汇率兑换为京东、天猫、携程等积分，也可以在多个网上商城直接当现金使用，还可以使用积分进行抽奖、话费充值、加油卡充值等。

万里通积分是平安集团针对现有客户的客户忠诚度项目，也能将一部分非平安客户转化为平安客户，更是实施平安“综合金融”愿景的载体，具体是：

提高现有客户忠诚度：平安集团现有客户可以通过购买平安的金融产品或使用平安信用卡获得积分，有剩余积分的客户可以继续使用平安的产品进一步获得积分。

转化非平安客户：由于购买平安集团旗下的金融产品可以获得万里通积分，非平安集团客户有可能因为想获得万里通积分而成为平安集团客户，平安集团的子公司也可以通过对万里通客户进行交叉销售将其转化为平安客户。

作为“综合金融”的载体：通过万里通积分平台，平安集团旗下各专业子公司可以进行整合，解决积分少、积分散的问题。

（三）比特币

2008 年 11 月 1 日，中本聪（Satoshi Nakamoto）在密码学网站 metzdowd.com 上发表了一篇题为“比特币：一种点对点式的电子现金系统”（*Bitcoin: A Peer-to-Peer Eletronic Cash System*）的文章。两个月后，中本聪发布了第一版比特币客户端，并“创造”了第一批 50 枚比特币。截至 2013 年 12 月底，已发行的比特币约 1 200 万个，

2140 年将达到 2 100 万，并不再增加。

比特币有三个较突出的特点：

- 不通过中央银行或第三方机构发行和交易：普通的货币在支付时通过清算机构进行清算，而比特币则是通过“矿工”充当支付节点进行“挖矿”。“矿工”通过计算建立区块（block），协助比特币支付的完成，并得到一定数量的比特币作为奖励，这是比特币产生的唯一方式。
- 较好的匿名性：比特币的账户仅是一串没有规律的字符，不实名，一个用户可以拥有多个比特币账户。较好的匿名性甚至让比特币沦为某些黑市交易的媒介。以毒品交易臭名昭著的地下交易网“丝绸之路”便通过比特币进行交易，不过该网站在 2013 年被美国多个执法部门联合查抄。
- 一种通缩货币：如前所述，比特币的供应将在 2140 年达到 2 100 万个，并不再增加（除非所有“矿工”投票同意更改规则）。这必然会使比特币出现通货紧缩现象，也就是单位比特币将越来越值钱。这将导致使用比特币的跨期交易很难进行——比特币的持有者更倾向于持有比特币而不是将它用于消费。

有关比特币的创业层出不穷，以下是一些例子：

比特币交易所——比特币中国（BTC China）、火币网；

挖矿——阿瓦隆（Avalon）挖矿机、Alydian；

广告——CoinAd（用比特币支付的广告展示网络）；

比特币钱包——HaoBTC、WalletBit、PikaPay；

商户服务——BitMonet、BitPay；

汇款服务——Moola；

媒体——Bitcoin Chart、CoinDesk；

衍生货币——莱特币（LiteCoin）、点点币（PPCoin）、域名币（NameCoin）、瑞波币等。

（四）林登币

林登币是著名网络游戏《第二人生》中的虚拟货币，发行者为林登实验室。该游戏是对真实世界的模拟，玩家可以创建自己的角色，在游戏中经商、工作、旅游等。

玩家可以使用现实货币购买林登币（2016 年 5 月，1 美元约可以换 260 个林登币），林登币和美元存在浮动汇率。作为林登币的发行者，林登实验室拥有管理、调整、控制和修改《林登币协议》的权力，它可以决定林登币流通的数量并决定分配规则。

除了使用现实货币购买外，付费玩家也可以收到每周定期的奖励，玩家在游戏中完成指定动作（如在特定地点跳舞等）也可以获得林登币。

由于林登币可以通过林登交易所兑换为现实货币，有不法之徒直接用黑客技术盗取或从黑客处非法购买信用卡信息，将信用卡信息捆绑到账户后进行透支，购买大量林登币，然后将林登币低价出售，换取美元。林登实验室为了遏制这种不法行为，于 2007 年 3 月开始大量封号，并调低了免费用户购买林登币的上限。

更有趣的是，在游戏内有的玩家开设了虚拟银行，为其他玩家提供金融服务。这些玩家提供利息吸引存款，利用存款在游戏中进行土地买卖和赌博活动，引发了多次类似现实世界中的“金融危机”。以玩家尼古拉斯·波托加罗（Nicholas Portocarrero）开设的虚拟银行金科金融（Ginko Financial）为例，它以高达44%的年化利率吸引存款，成为《第二人生》的最大、最著名的银行。2006年7月，美国众议院禁止网络赌博行为，林登实验室随之宣布在游戏内禁止赌博。

结束语

最后，让我们重新审视互联网金融全貌，如图 F-1 所示。

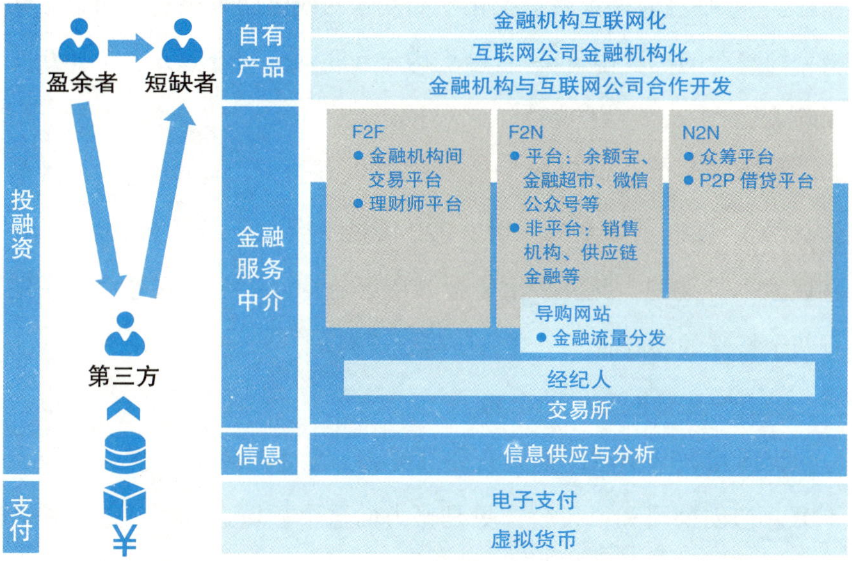

图F-1　互联网金融全貌

总结以下要点：最基本的金融需求包括投资、融资和支付。

投融资流程中，资金盈余者可直接将资金给予资金短缺者，也可以通过第三方进行投资，在这一过程中，各种信息可以辅助投融资的决策。上述流程引出了互联网金融的三种业务模式：自有产品、金融服务中介、信息供应与分析。

支付流程中，支付方使用拥有支付功能的媒介，直接付款给收款方，或通过第三方间接付款给收款方。上述流程引出了互联网金融的两种业务模式：电子支付与虚拟货币。

进一步细化，在投融资业务中：

自有产品有三种模式：金融机构互联网化（如直销银行、网销保险）、互联网公司金融机构化（如互联网或电商系小贷公司、互联网公司参股的民营银行）、金融机构与互联网公司合作开发（如众安保险）。

金融服务中介可类比电商，有 F2F、F2N（如金融超市、微信公众号）、N2N（如众筹平台、P2P 借贷平台）、导购网站（金融垂直搜索）等类型。此外，由于金融市场的特性，金融服务中介中还有两个特殊的参与者——交易所与经纪人。

以上为互联网金融的全貌。

我国互联网金融的监管正逐渐完善，学术界对其的探讨也层出不穷，初创公司和风投公司更是努力向这个领域进军。一些炒作者也不断出现，有些媒体也在添砖加瓦。更甚者，2016 年起不少互联网金融公司基于品牌升级需求，逐渐改称为“金融科技公司”，希望炒作另一概念，其本质和互联网金融并无区别。

互联网金融不应停留在概念的炒作上，它能真真正正地帮助中小投资者及小微企业——余额宝类产品和 P2P 借贷平台的收益是实实在在的，阿里小贷的快速放贷缩短了不少商家的进货周期，微信支付改变了不少人的支付习惯。这也正是让整个社会都受益的“普惠金融”的体现——金融不再是高净值客户的专属服务，普通客户和小微企业也可以从中获益。

“互联网金融”这一名词势必渐渐成为历史——随着进入“无现金时代”，所有的金融皆是互联网金融。

参考资料

[1] 谢平，邹传伟，刘海二．互联网金融模式研究 [J]. 金融研究，2012，12：11-12.

[2] 张波，任新利，姚慧丽，等．网上支付与电子银行：第 2 版 [M]. 上海：华东理工大学出版社，2009.

[3] E.Jerome McCarthy. Basic Marketing: A Managerial Approach[M]. New York：McGraw-Hill Education, 1975.

[4] Ash Maurya. Running Lean: Iterate from Plan A to a Plan That Works[M]. Sebastopol：O' Reilly Media, 2012.

[5] 艾瑞咨询．中国互联网保险年度报告 [R/OL]. (2014-08-27) [2017-11-27]. http://www.iresearch.com.cn/report/2252.html.

[6] 毕马威．2013 年保险行业调研与市场发展趋势分析报告 [R/OL]. (2013-08-19) [2017-11-27]. http://www.doc88.com/p-0912024422981.html.

[7] 李晓翾，李宏军．谈国际宠物保险市场 [J]. 中再产险精算

季讯，2014，1：7.

[8] 中国互联网络信息中心．第 40 次中国互联网络发展状况统计报告 [R/OL]. (2017-08-03) [2017-11-27]. http://www.cnnic.net.cn/hlwfzyj/hlwxzbg/hlwtjbg/201708/P020170807351923262153.pdf.

[9] Joe Zhang. Inside China's Shadow Banking：The Next Subprime Crisis[M]. Honolulu：Enrich Professional Publishing Inc., 2014.

[10] 邓海清，胡玉峰. 我国资产证券化模式分析与比较 [J]. 债券，2013，8：13-16.

[11] 李耀东，李钧．互联网金融框架与实践 [M]. 北京：电子工业出版社，2014.

[12] 姚文平．互联网金融：即将到来的新金融时代 [M]. 北京：中信出版社，2014.

[13] 艾瑞咨询．中国基金销售电商化研究报告 [R/OL]. (2012-04-13) [2017-11-27]. http://www.iresearch.com.cn/report/1677. html.

[14] 中国证券投资基金业协会．基金投资者情况调查分析报告 [R/OL]. (2015-07-20) [2017-11-27]. http://www.amac.org.cn/cms/contentcore/resource/download?ID=4345.

[15] 南方周末．2013 年互联网金融顾客满意度调查报告 [R/OL]. (2013-11-12) [2017-11-27]. http://iof.hexun.

com/2013-11-12/159601976.html.

[16] Massolution. Crowdfunding Industry Report[R/OL]. (2012-05) [2017-11-27]. http://www.crowdfunding.nl/wp-content/uploads/2012/05/92834651-Massolution-abridged-Crowd-Funding-Industry-Report1.pdf.

[17] 艾瑞咨询. 2013年中国P2P贷款行业研究报告[R/OL]. (2013-10-10) [2017-11-27]. http://www.iresearch.com.cn/report/2060.html.

[18] 艾瑞咨询. 2012—2013年中国第三方支付行业发展研究报告[R/OL]. (2013-05-27) [2017-11-27]. http://www.iresearch.com.cn/report/1930.html.

[19] 艾瑞咨询. 2015年中国互联网经济核心数据之第三方支付[R/OL]. (2016-03-17) [2017-11-27]. http://news.iresearch.cn/zt/259694.shtml.

[20] 艾瑞咨询. 2015年中国电子支付行业研究报告[R/OL]. (2015-06-30) [2017-11-27]. http://www.iresearch.com.cn/report/2401.html.

[21] 马梅，朱晓明，周金黄，等. 支付革命：互联网时代的第三方支付[M]. 北京：中信出版社，2014.

[22] 许罗德. 银行卡概论[M]. 北京：中国金融出版社，2013.

[23] William Henry Furness III. The Island of Stone Money：Yap of the Carolines[M]. Whitefish：Kessinger

Publishing, 1910.

[24] N. Gregory Mankiw. Principles of Economics：7th ed.[M]. Boston：Cengage Learning, 2013.

[25] T.H. Greco. Money: Understanding and Creating Alternatives to Legal Tender[M]. White River Junction：Chelsea Green Publishing, 2001.

[26] 谢平，邹传伟，刘海二．互联网金融手册[M]. 北京：中国人民大学出版社，2014.

[27] European Central Bank. Virtual Currency Schemes[R/OL]. (2012-10) [2017-11-27]. http://www.ecb.europa.eu/pub/pdf/other/virtualcurrencyschemes201210en.pdf.

[28] 贾丽平．网络虚拟货币对货币供求的影响及效应分析[J]. 国际金融研究，2009，8：38-46.

[29] 赵予.《慈善法》来了，个人发起“公益众筹”是非法行为?[R/OL]. (2016-03-18) [2017-11-27]. http://www.jiemian.com/article/578128.html.